高等学校体育选项课系列教材

浙江省高校体育教材编委会 编

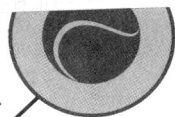

TENNIS

网球运动

主　编　　虞力宏　楼兰萍

副主编　　翁惠根　周海雄　许　娇

ZHEJIANG UNIVERSITY PRESS
浙江大学出版社

图书在版编目(CIP)数据

网球运动 / 虞力宏,楼兰萍主编. —杭州:浙江大学
出版社,2015.4
高等学校体育选项课系列教材
ISBN 978-7-308-14106-2

Ⅰ.①网… Ⅱ.①虞… ②楼… Ⅲ.①网球运动—高等
学校—教材 Ⅳ.①G845

中国版本图书馆 CIP 数据核字(2014)第 280711 号

本书配有 3D 仿真虚拟动画课件光盘

网球运动

主　　编　虞力宏　楼兰萍

副主编　翁惠根　周海雄　许　娇

丛书策划　黄娟琴　朱　玲
责任编辑　曾　熙
封面设计　续设计
出版发行　浙江大学出版社
　　　　　(杭州市天目山路 148 号　邮政编码 310007)
　　　　　(网址:http://www.zjupress.com)
排　　版　杭州林智广告有限公司
印　　刷　杭州杭新印务有限公司
开　　本　787mm×1092mm　1/16
印　　张　12
字　　数　248 千
版 印 次　2015 年 4 月第 1 版　2015 年 4 月第 1 次印刷
书　　号　ISBN 978-7-308-14106-2
定　　价　28.00 元(含光盘)

丛书编委会

本书编写人员

前　言

　　高等学校体育选项课系列教材是根据《全国普通高等学校体育教学指导纲要》的主要内容和基本要求进行编写的。可以说是对原有浙江省高校体育系列教材的改版或升级。我们依据这几年教材使用中出现的问题和高校体育在教学实践中出现同一个运动项目想继续选学，会出现重复修学的问题进行了重新编写。为了让学生在高校的体育课程学习中学到更多的东西，并通过高校的两年体育课程的学习，进一步深入了解自己所选运动项目的特点，使体育运动、锻炼更有针对性，使身心得到更好的改善，我们在本系列教材编写中对体育这门课程做了特殊安排。由于高中"体育与健康"课程已实行模块教学多年（浙江省从 2006 年起开始实行），从高中进入大学的学生应已学有 2～3 项运动技能（高中"体育与健康"课要求），进入大学有可能延续自己的兴趣，继续选择该运动项目（自己感兴趣的运动项目，并有一定的技术、技能基础）；也有可能由于大学有了更多运动项目的选择机会，同学们会选择新的运动项目（从头开始学，之前并没有技术基础）。因此我们在编写本系列教材时，较充分地考虑了学生的这种情况和变化，采取了分级编写，即在各运动项目分册中，在体育技能方面均体现初级、中级和高级三级水平。三级水平的划分原则，按初级放低入门要求，便于让没有接触过此类项目的学生可以参与学习，而有学习基础的学生可以直接从中级开始学习，待中级学完后，要求基本掌握高等学校体育课程对该项目的"基本要求"。高级相对要求较高，完成较好的同学已达到高校体育课程的"发展要求"。针对高校学生自主学习能力较强和自主时间较多等特点，系列教材有意识地开发和配备 3D 仿真虚拟动画课件，供学生课外学习和模仿。

　　为了让学生充分了解所选运动项目的特点和掌握所选项目的技术，并能在课外及今后的业余生活中更好地运动和应用，在编写教材时,有意注重针对不同项目的锻炼价值及锻炼注意事项分别进行编写,以便于区分不同项目的特点,既体现了运动的整体锻炼价值,又体现了不同项目的特殊锻炼价值。有利于学生有针对性地选择,使体育能更好地为学生的健康服务;为丰富学生的日常生活服务;为学生更好地融入社会服务;为培养自己坚强意志、竞争意识和合作精神服务。

本系列教材计划编写 12 种,分为运动技术项目类教材和体育理论类教材。包括《篮球运动》《羽毛球运动》《网球运动》《乒乓球运动》《游泳运动》《足球运动》《健身与健美运动》《形体训练与体育舞蹈》《无线电测向与定向运动》《武术运动》《健美操》等 11 种技术项目类教材和《体育与人生》1 种理论教材,以满足不同兴趣爱好的大学生对不同运动项目的喜好。

浙江省高校体育教材编写委员会

2014 年 8 月

目录

知识篇

技能篇

竞赛篇

知识篇

ZHISHI PIAN

第一章 网球运动简介

◎**本章导读**

　　网球运动是目前世界上最流行的运动项目之一,素有"贵族运动""高雅运动"和"文明运动"之美誉。孕育于法国,诞生于英国,发展于美国,流行于全世界的发展轨迹,昭示着网球运动的兴起与普及,每年大满贯赛事的周期轮转彰显着网球运动的兴盛与提高,李娜法网的夺冠激发了华夏大地蓬勃发展的"网球热"。本章重点介绍了网球运动的起源、发展,ITF、ATP 和 WTA 世界三大网球机构在世界各地举办的重大赛事,以及中国网球运动、中国大学网球运动的发展概况。

第一节 网球运动的起源与发展

一、网球运动的起源

　　网球起源于十一二世纪法国僧侣们所玩的一种"掌球"游戏(见图 1-1),后来由于王室贵族的参与而传入宫中,成为宫廷网球,也被称为"贵族网球"(见图 1-2)。近代网球运动的历史始于 1873 年,英国人 M. 温菲尔德绅士将这项古老的宫廷游戏搬到了室外,他最先设计的场地形状像一只沙漏,球场是中间狭 6.80 米,两端宽 9.10 米,两边线长 18.28 米,网中央高 1.42 米,网柱高 1.52 米;记分采用羽毛球的记分法,15 分为一局。1875 年,随着参与网球运动人数的增多,位于伦敦郊外温布尔登的全英槌球总会,设置了几片网球场,供其会员使用。1877 年,该会更名为全英槌球和草地网球总会,并修改了网球规则,将球场改为长方形。长 23.77 米,宽 8.23 米,发球线距网 7.92 米,网中央高度 0.99 米(1880 年,网柱高度降至 1.07 米,发球线改为距网 6.40 米。如图 1-3 所示)。同年 7 月,全英槌球和草地网球总会首次举行全英草地网球男子单打锦标赛,即温布尔登网球赛。这标志着近代网球运动的开始。

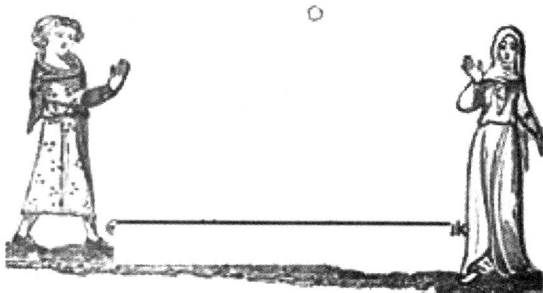

图 1-1　网球的雏形——"掌球"游戏

图 1-2 古代网球运动

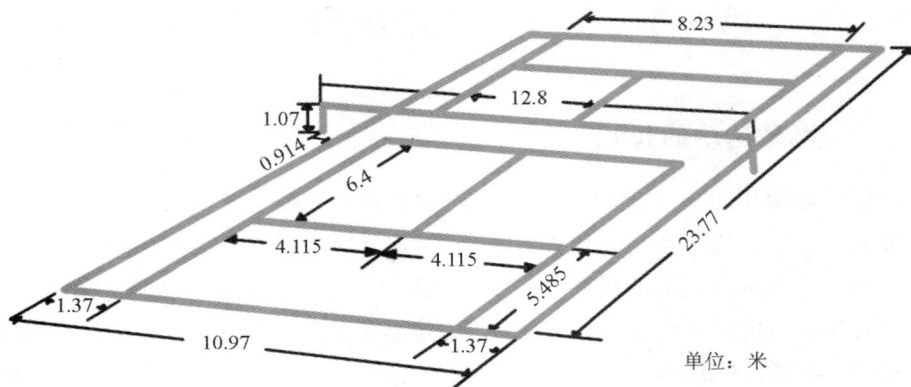

图 1-3 网球比赛场地

二、网球运动的发展

随着越来越多的名门贵族把网球带入其殖民地国家,网球运动在世界范围内得到了迅猛的发展。1874 年,美国玛丽·奥特布里奇女士到英属百慕大度假时,看到英国的驻防军官们在打网球,这项运动一下就把她吸引住了,当即学了起来。在回国时,她说服海关人员让她携带网球拍和网球入了关。之后,她和她的哥哥在纽约附近斯特誉岛的一个棒球俱乐部练起了网球。这项运动就此在斯特誉岛上流传下来。不久就传到了纽约、新港、波士顿、费城等大城市。美国总统罗斯福执政期间,由于酷爱网球运动,经常邀请其朋友在白宫球场上打球而被人们称为"网球内阁"。即便在第二次世界大战期间,美国也是唯一一个没有停止网球赛事的国家,极盛时期竟有 4000 万人参与网球运动,其普及和发展盛况可想而知(见图 1-4)。

图 1-4　网球运动的普及

1913 年,在巴黎由 12 个国家参与成立了国际网球联合会。继英国之后,加拿大、澳大利亚、南非、法国、德国、意大利、美国等国相继设立了各类网球赛事。1980 年,中国网球协会正式加入国际网球联合会,网球成为国际性的运动项目。

从 20 世纪 30 年代到 60 年代早期,世界性的锦标赛仍然只有业余选手参加,直到 1968 年温布尔登大赛开始接受职业选手参加之后,网球运动才开启了新纪元。1972 年,世界男子职业网球协会成立;1973 年,世界女子职业网球协会成立。在 1896—1924 年间,草地网球曾有七次成为奥运会正式比赛项目,后因国际奥委会与国际网球联合会在业余运动员定义上存在分歧,奥运会网球比赛一度被取消,直到 1988 年的第 23 届奥运会网球才被重新纳入比赛项目。

目前,由国际网球联合会(ITF)、世界男子职业网球选手协会(ATP)和世界女子职业网球选手协会(WTA)三大机构组织的不同等级、不同年龄的各类网球赛事贯穿整个年度,各类网球比赛几乎遍及世界的每一个地区,有戴维斯杯男子团体赛(Davis Cup)、联合会杯女子团体赛、大满贯杯赛、四大网球公开赛、大师赛、大奖赛、挑战赛、卫星赛以及青少年网球赛、世界青年杯赛、国际老年比赛和国际综合性运动会中的网球赛等国际赛事。

综上所述,网球运动的起源与发展可归纳为:网球孕育在法国,诞生在英国,开始普及和形成高潮在美国,现在盛行于全世界。

三、世界主要网球组织机构简介

1. 国际网球联合会(ITF)

ITF 是 International Tennis Federation 的缩写(见图 1-5)。澳大利亚、比

利时、不列颠群岛、法国、荷兰、俄罗斯、南非、瑞士等 12 个国家的网协代表于 1913 年 3 月 1 日在巴黎成立了国际网球联合会。ITF 主要负责国际网球大赛的事务,协调和推进各国网球协会搞好本地区网球运动的普及,制定及修改网球规则。除此之外,更为发展中国家提供网球教练、裁判等方面的培训,协调

图 1-5　国际网球联合会会标

世界青少年、成年和老年网球比赛,促进世界网球运动的发展。目前 ITF 是世界上最大的体育组织之一。

2. 世界男子职业网球协会(ATP)

ATP 是 Association Tennis Professional 的缩写(见图 1-6),成立于 1972 年,总部设在佛罗里达,是世界男子职业网球运动员的自治组织机构。协会设有一个执委会主席和一个董事会,董事会由前任或现任球员组成。其主要任务是协调职业运动员和赛事之间的伙伴关系、负责组织和管理职业选手的积分、排名、奖金分配以及制定比赛规则和审定运动员参赛资格等工作。每年 ATP 在世界近 40 个国家举办 80 多项赛事。

3. 世界女子职业网球协会(WTA)

图 1-6　世界男子职业网球协会会标

WTA 是 Woman's Tennis Association 的缩写(见图 1-7),成立于 1973 年,总部设在佛罗里达的圣彼得斯堡,协会由一位主席和一个董事会来管理,成员多数是现役球员,以及一些高级顾问,主要负责世界女子职业球员的事务。每年 WTA 在世界四大洲 20 多个国家举办 60 多项赛事。

图 1-7　世界女子职业网球协会会标

四、世界网球 ITF 赛事简介

世界网球 ITF 赛事主要有由 ITF、ATP、WTA 共同拥有的大满贯赛事(温网、法网、美网和澳网)、团体赛(戴维斯杯男子团体赛、联合会杯女子团体赛和霍普曼杯男女混合团体赛)、奥运会网球赛、巡回赛等。

(一) 大满贯赛事

1. 温布尔登网球公开赛

温布尔登网球公开赛(赛会会标见图 1-8)是近代网球史上最早出现的赛事,场地为室外草地球场。始于 1877 年,1884 年设立了女子项目。首次正式比赛"全英草地网球锦标赛"在全英槌球和草地网球总会位于伦敦西南部的温布尔登总部举行。1905 年起正式对外开放成为公开赛,每年 6—7 月在英国伦敦温布尔登举行,一般持续两周。到 2013 年止,温网已举办了 127 届,其间由于两次世界大

图 1-8　温布尔登网球公开赛赛会会标

战停赛了 10 届,比赛总奖金已达到 3440 万美元,男子单打冠军将获得一座 18 英寸高的镀金奖杯,称为挑战者杯。女子单打的奖品是一个直径约为 19 英寸的银盘,通常被称作"Rosewater Dish"或"Venus Rosewater Dish",称为玫瑰露水盘。自 2000 年以来温网公开赛历届男女冠军榜一览表见表 1-1。

在 2013 年温网女双决赛中,亮相中央球场的赛会 8 号种子海峡组合彭帅/谢淑薇,直落两盘完胜对手夺得了 2013 年温网女双冠军,从而成为继郑洁/晏紫之后第二对获得温网女双冠军的中国球员,也是中国选手夺得的第 5 个大满贯成年组冠军,其中女双冠军达到 3 个。彭帅与谢淑薇合作已经拿下 6 座 WTA 赛事女双冠军奖杯,同时也是彭帅个人摘得的第 9 个双打桂冠。

表 1-1　自 2000 年以来温网公开赛历届男女冠军榜一览表

年份	男单	女单
2000	桑普拉斯(美国)	维纳斯·威廉姆斯(美国)
2001	伊万尼塞维奇(克罗地亚)	维纳斯·威廉姆斯(美国)
2002	休伊特(澳大利亚)	塞雷娜·威廉姆斯(美国)
2003	费德勒(瑞士)	塞雷娜·威廉姆斯(美国)
2004	费德勒(瑞士)	莎拉波娃(俄罗斯)
2005	费德勒(瑞士)	维纳斯·威廉姆斯(美国)
2006	费德勒(瑞士)	毛瑞斯莫(法国)
2007	费德勒(瑞士)	维纳斯·威廉姆斯(美国)
2008	纳达尔(西班牙)	维纳斯·威廉姆斯(美国)

续　表

年份	男单	女单
2009	费德勒（瑞士）	塞雷娜·威廉姆斯（美国）
2010	纳达尔（西班牙）	塞雷娜·威廉姆斯（美国）
2011	德约科维奇（塞尔维亚）	科维托娃（捷克）
2012	费德勒（瑞士）	塞雷娜·威廉姆斯（美国）
2013	穆　雷（英国）	巴托丽（法国）

2. 法国网球公开赛

法国网球公开赛（赛会会标见图 1-9）与温布尔登大赛一样，是世界网坛享有盛名的传统比赛，是唯一的红土大满贯赛事，规定每场比赛采用 5 盘 3 胜淘汰制。通常在每年 5 月下旬至 6 月上旬在罗兰·加罗斯网球场举行，是继澳大利亚公开赛后，第二个进行的大满贯赛事。法网创始于 1891 年，女子项目始于 1897 年，比温布尔登赛晚了 14 年，开始只限于本国人参加，1925 年后对外开放，成为公开赛。法

图 1-9　法国网球公开赛赛会会标

网自开赛以来，已走过了 100 多年的历程，除了两次世界大战被迫停赛 11 年外，每年一届的赛事一直延续到今天，2013 年比赛总奖金额已达 2870 万美元。自 2000 年以来法网公开赛历届男女冠军榜一览表见表 1-2。

1989 年法网公开赛上，17 岁的美籍华裔选手张德培爆出 20 世纪 80 年代最大冷门，先后挫败埃德伯格和伦德尔，成为法网历史上最年轻的单打冠军，也是第一位亚洲血统的选手获此殊荣。2011 年在这样一项广受欢迎、高度职业化的运动中，中国李娜获得女单冠军，中国人、亚洲人的名字第一次镌刻在苏珊·朗格伦杯上，这不仅是改变中国网球史的一天，更是载入中国体育史册的一天。

表 1-2　自 2000 年以来法网公开赛历届男女冠军榜一览表

年份	男单	女单
2000	库尔滕（巴西）	皮尔斯（法国）
2001	库尔滕（巴西）	卡普里亚蒂（美国）
2002	科斯塔（西班牙）	塞雷娜·威廉姆斯（美国）
2003	费雷罗（西班牙）	海宁（比利时）
2004	高迪奥（阿根廷）	米斯金娜（俄罗斯）
2005	纳达尔（西班牙）	海宁（比利时）
2006	纳达尔（西班牙）	海宁（比利时）
2007	纳达尔（西班牙）	海宁（比利时）

续　表

年份	男单	女单
2008	纳达尔（西班牙）	伊万诺维奇（塞尔维亚）
2009	费德勒（瑞士）	库兹涅佐娃（俄罗斯）
2010	纳达尔（西班牙）	斯齐亚沃尼（意大利）
2011	纳达尔（西班牙）	李娜（中国）
2012	纳达尔（西班牙）	莎拉波娃（俄罗斯）
2013	纳达尔（西班牙）	塞雷娜·威廉姆斯（美国）

3. 美国网球公开赛

首届美国网球公开赛（赛会会标见图1-10）于1881年在罗得岛新港举行，女子网球公开赛始于1887年，每年一届，通常在8月底9月初举行。1968年后对外开放，成为公开赛，是年度最后举行的大满贯赛，赛事共分为男子单打、女子单打、男子双打、女子双打和男女混合双打五项，并且也有青少年组的比赛。美网的赛场设在纽约皇后区的美国

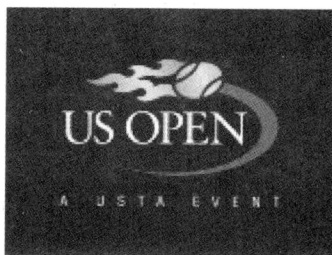

图1-10　美国网球公开赛赛会会标

网球总会国立网球中心，2013年美网的总奖金额达到2950万美元。

美国网球公开赛有一独特的地方，它的大部分球场都设有照明设备，这意味着电视转播能够延伸到晚上的黄金时段以增加收视率。女单决赛由周六下午移至晚上，就是为了能有更好的收视率。

与别的大满贯赛一样，美网公开赛有其自身的特点：热情、奔放、激情，恰似纽约城的缩影，观众们观看比赛时的疯狂热烈，就像是在过盛大的节日。蓝色的硬地球场快速而燥热，在这样的环境里比赛，对选手们的体力和意志是个严峻的考验。自2000年以来美网公开赛历届男女冠军榜一览表见表1-3。

表1-3　自2000年以来美网公开赛历届男女冠军榜一览表

年份	男单	女单
2000	萨芬（俄罗斯）	维纳斯·威廉姆斯（美国）
2001	休伊特（澳大利亚）	维纳斯·威廉姆斯（美国）
2002	桑普拉斯（美国）	塞雷娜·威廉姆斯（美国）
2003	罗迪克（美国）	海宁（比利时）
2004	费德勒（瑞士）	库兹涅佐娃（俄罗斯）
2005	费德勒（瑞士）	克里斯特尔斯（比利时）
2006	费德勒（瑞士）	莎拉波娃（俄罗斯）

续 表

年份	男单	女单
2007	费德勒(瑞士)	海宁(比利时)
2008	费德勒(瑞士)	塞雷娜·威廉姆斯(美国)
2009	德尔波特罗(阿根廷)	克里斯特尔斯(比利时)
2010	纳达尔(西班牙)	克里斯特尔斯(比利时)
2011	德约科维奇(塞尔维亚)	斯托瑟(澳大利亚)
2012	穆雷(英国)	塞雷娜·威廉姆斯(美国)
2013	纳达尔(西班牙)	塞雷娜·威廉姆斯(美国)

4. 澳大利亚网球公开赛

澳大利亚网球公开赛(赛会会标见图 1-11)是网球四大满贯赛事之一,是四大满贯赛事中每年最先登场的,比赛场地为硬地网球场。通常于每年 1 月的最后两个星期在澳大利亚第二大城市墨尔本举行。澳大利亚网球公开赛创办于 1905 年,至 2013 年澳大利亚网球公开赛已举办了 101 届,设职业单打、双打和混双比赛。比赛的男子单打冠军奖杯是诺曼·布鲁克斯挑战杯,女子单打冠军奖杯是达芙妮·阿克赫斯特纪念杯。

图 1-11 澳大利亚网球公开赛赛会会标

2013 年澳大利亚网球公开赛的奖金比 2012 年有显著的增加,总奖金额达到了 3000 万澳元,这也使得 2013 年澳网成为奖金最高的比赛之一。在 2010 年澳大利亚网球公开赛女单决赛中,赛会第 9 号种子、中国李娜迎战赛会第 3 号种子、三度美网冠军克里斯特尔斯,经过 124 分钟苦战,李娜分别以 6∶3/3∶6/3∶6 遭到对手逆转,无缘问鼎澳网冠军,但亚军的取得已经创造了中国球手在大满贯单打赛事中的历史最佳战绩。自 2000 年以来澳网公开赛历届男女冠军榜一览表见表 1-4。

表 1-4 自 2000 年以来澳网公开赛历届男女冠军榜一览表

年份	男单	女单
2000	阿加西(美国)	达文波特(美国)
2001	阿加西(美国)	卡普里亚蒂(美国)
2002	约翰森(瑞典)	卡普里亚蒂(美国)
2003	阿加西(美国)	塞雷娜·威廉姆斯(美国)
2004	费德勒(瑞士)	贾斯汀·海宁(比利时)
2005	萨芬(俄罗斯)	塞雷娜·威廉姆斯(美国)

续　表

年份	男单	女单
2006	费德勒（瑞士）	毛瑞斯莫（法国）
2007	费德勒（瑞士）	塞雷娜·威廉姆斯（美国）
2008	德约科维奇（塞尔维亚）	莎拉波娃（俄罗斯）
2009	纳达尔（西班牙）	塞雷娜·威廉姆斯（美国）
2010	费德勒（瑞士）	塞雷娜·威廉姆斯（美国）
2011	德约科维奇（塞尔维亚）	克里斯特尔斯（比利时）
2012	德约科维奇（塞尔维亚）	阿扎伦卡（白俄罗斯）
2013	德约科维奇（塞尔维亚）	阿扎伦卡（白俄罗斯）

图 1-12　德约科维奇（塞尔维亚）

图 1-13　纳达尔（西班牙）

图 1-14　小威廉姆斯（美国）

图 1-15　李娜（中国）

（二）团体赛事

1. 戴维斯杯男子团体赛

每年一度的戴维斯杯赛是世界男子网球团体赛的顶级赛事（赛会会标见图 1-16）。始于 1900 年，首场戴维斯杯赛是英国和美国之间的友谊赛，在波士顿的板球俱乐部举行，最终美

图 1-16　戴维斯杯男子团体赛赛会会标

国队以 5∶0 获胜。之后，又有比利时，法国等国家加入了戴维斯杯赛，赛制确定为挑战赛制，即上届冠军直接进入决赛，另一决赛名额由各参赛队决出。

随着参赛队伍的增多，出现了区域赛，逐步建立了欧洲/非洲区、美洲区和亚洲/大洋洲区（以下简称亚大区），并于 1972 年废除了挑战赛制，赛制改变为由 16 个最强的国家队组成世界组，世界组设立 8 个种子队，捉对厮杀后，前 8 强争夺戴维斯杯。在世界组和按地理划分的区域组之间建立了升降级制。由世界组首轮告负的 8 支球队和欧洲/非洲区、美洲区、亚大区各区前 2 名进行预选赛，胜者将进入下一年度戴维斯杯赛世界组的比赛，负者则下降到各区域赛。

各区域赛，又根据每个国家上届的成绩分成 A 组和 B 组，最高组为 A 组，各组之间也实行升降级制。现在，每年报名参加戴维斯杯赛的国家达 130 多个，使戴维斯杯赛成为体育竞赛中规模最大的年度赛事之一，受到了极大的关注。

2. 联合会杯女子网球团体赛

联合会杯赛是每年一度的世界女子顶级团体赛事（赛会会标见图 1-17）。1963 年，为纪念国际网球联合会成立 50 周年，一项类似戴维斯杯赛的世界女子网球团体赛（联合会杯）诞生了，16 个队参加了开幕赛。在伦敦女王俱乐部进行的决赛中，美国队击败澳大利亚队荣获冠军。

1980 年，联合会杯赛首次获得日本 NEC 公司的赞助。从此，比赛设立了奖金。1992 年，随着报名参加联合会杯赛国家的增多，国际网联推出了地区资格赛制，即除了上届前 16 名的国家作为世界组外，其他国家按欧洲/非洲区、美洲区和亚大区进行地区资格赛（采用分组循环，交叉淘汰制），获地区赛前 2 名的国家进入世界组外围赛，与当年世界组首轮负队进行预选赛，胜者进军下一年度世界组的比赛。

图 1-17　联合会杯女子网球团体赛赛会会标

为适应世界女子网球运动的变化，更好地推动女子网球运动的发展，联合会杯赛的赛制也进行了多次调整。从 2001 年起，进入决赛周的 8 个国家先进行分组循环，获小组前 2 名的队进入半决赛，半决赛采用交叉淘汰制，胜者争夺联合会杯。取消了原先对上届冠军队保留的直接进入前 4 名的特权，使比赛在更公平的环境下进行。

目前，联合会杯赛已成为了与戴维斯杯赛齐名的赛事，受到了普遍的欢迎。

3. 霍普曼杯男女混合团体赛

霍普曼杯（Hopman Cup）为男女混合的网球团体赛事（赛会会标见图 1-18），于每年 1 月初（或是前一年的 12 月底开始）举行，为期 1 周。虽为无积分的邀请赛，但可为即将开打的澳网热身，因此能吸引不少大牌球员前来参与，1996年被国际网球联合会（ITF）承认为正式的世界团体赛。比赛地点是位于西澳

大利亚珀斯的百事活巨蛋。名称来自于澳洲网球名将亨利·霍普曼（Harry Hopman，1906—1985），他在1938年至1969年期间，以队长（教练）的身份带领国家队赢得15次戴维斯杯赛冠军。

在2006年，霍普曼杯赛成为首个采用鹰眼系统的网球比赛，并允许球员提出挑战，电脑判决的落点位置可立即显示在场边的屏幕上。霍普曼杯赛和戴维斯杯赛及联合会杯赛一样是以国家为单位举行的团体赛，它由男女队员混合组队，参赛国由主办单位决定，球员皆为受邀参加。每年都有8支队伍出来角

图1-18　霍普曼杯男女混合团体赛赛会会标

逐霍普曼杯。从第19届（2007年）开始，第8个名额会预留给亚洲霍普曼杯赛（Asian Hopman Cup）的胜出者，8个队会先分成两个小组分别进行循环赛，之后再由两组各自的优胜者参加最后决赛，每支队伍各有男女一名选手，两队间要进行三场比赛，皆为3盘制：第一场女单，第二场男单，第三场混双。

（三）奥运会网球赛

奥运会网球赛设有男、女单打和男、女双打四个项目。与网球职业比赛一样，奥运会网球赛也采用淘汰制。男子比赛除了决赛，所有比赛采用三盘两胜制；而女子的所有比赛均为三盘两胜；半决赛胜者争夺冠军，负者争夺第三名。

网球比赛曾在1924年后退出了奥运会，直到1988年汉城（今首尔）奥运会才重返奥运大家庭。到目前为止，7届奥运会共产生了14位单打冠军，从1988年的汉城到2012的伦敦，7位女单金牌得主分别是：德国格拉芙，美国珍妮弗·卡普里亚蒂、琳德莎·达文波特和维纳斯·威廉姆斯，比利时海宁，俄罗斯德门蒂耶娃和美国塞雷娜·威廉姆斯。而男子比赛中常常会涌现很多黑马。1988年汉城奥运会上，机敏的捷克斯洛伐克人米洛斯拉弗·麦齐尔问鼎男单金牌；1992年巴塞罗那奥运会上，瑞士马克·罗塞特笑到最后；1996年亚特兰大奥运会上，美国安德烈·阿加西获得冠军；2000年雅典奥运会上，俄罗斯叶夫根尼·卡费尔尼科夫问鼎冠军；2004年智利选手马苏出乎意料成为男单和男双的双料冠军，当时10号种子马苏与同胞冈萨雷斯配对夺得的男双金牌，是智利历史上的第一块奥运金牌，第二天，马苏乘胜追击，战胜美国的费什，拿下了第二块金牌；2008年北京奥运会男单金牌则被西班牙纳达尔收入囊中；2012年伦敦奥运会金牌被英国穆雷夺得。

奥运会是运动员心中的神圣殿堂，在奥运会上获得冠军是许多运动员为之奋力拼搏的目标。奥运会上运动员是代表自己的国家参加比赛，获得的荣耀是无与伦比的，是无法用金钱衡量的。

（四）网球大师杯赛

网球大师杯赛（Tennis Masters Cup）（赛会会标见图1-19）在每年的年底举行，参赛者是当年男子网球ATP冠军排名（ATP Champion Race）前八的选手。但根据大师杯赛的规则，在ATP冠军排名第八位的选手并不一定能有资格参赛。如果一名选手是当年四大满贯赛事冠军之一且排名在前20名以内（但排名在第八名以外），那他就可取代排名第八的选手进入大师杯赛，但如果有超过一名球员符合上述条件，则以冠军排名较高者为优先。同其他的男子巡回赛不同，网球大师杯赛不是采用直

图1-19 世界网球大师杯赛赛会会标

接淘汰的赛制。而是所有的8名选手被分成两组，每组4人，采用小组单循环的形式，即每个选手必须跟本组的其他选手各交手一次。每个小组成绩最好的前两名进入半决赛，再由半决赛的胜出者进入决赛来争夺冠军的归属。

2008年在上海举办的网球大师杯赛是历史上最后一届网球大师杯赛，2009年起，网球大师杯赛更名为"ATP世界巡回总决赛"，且移师英国伦敦。

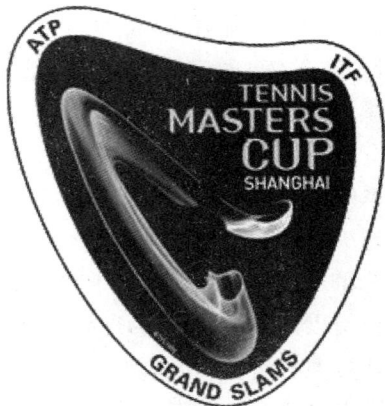

第二节　中国网球运动的发展

一、中国网球运动的发展

1. 新中国成立前的中国网球

1885年前后，网球运动由英、美、法等国的商人传入中国。很长一段时间里，它是"洋人"的游戏，之后慢慢地在上海、广州等大城市的外国传教士和商人之间出现，后来一些教会学校也开展起这项运动。1898年，上海圣约翰书院举行斯坦豪斯杯赛，这是中国网球史上最早的校内比赛。1906年，北京汇文学校、协和书院、清华等学校之间，以及上海圣约翰大学、南洋公学、沪江大学和南京、广州、香港的一些学校开始举行校际网球赛，促进了网球运动在中国的传播。在20世纪二三十年代，网球运动只在少数人中间流行。1924—1946年，中国虽6次派队参加戴维斯杯比赛，但多在第一、二轮就被淘汰，技术、战术水平较低。那时正值中国的动乱时期，外来势力的侵入却为当时闭关锁国的中国带来了网球这个"洋人"的游戏。随着这项运动的传播，中国也开始了网球的早期发展，但由于时局的动乱和思想的混杂，很少有人参与这项运动，因而当时的技战术水平还是很低的。

2．新中国成立初期的中国网球

新中国成立后，网球运动在起点低、基础差、交往少的情况下逐渐发展。1953 年在天津首次举办了包括网球在内的四项球类运动会（篮、排、网、羽），1956 年举办全国网球锦标赛，后来全国网球等级联赛定期举行，并实行升降级制度，还定期举办全国网球单项比赛、全国硬地网球冠军赛、全国青少年网球比赛，近年来又搞起了巡回赛。另外，老年网球赛、高校网球赛、少年网球赛也积极开展。这些竞赛对促进网球技术水平的提高起到了积极的推动作用。新中国成立初期，百废待兴，此时网球运动还没有普及，只是偶尔会组织一些比赛，虽然有一定的促进作用，但是发展依旧很缓慢。

3．中国网球的恢复期

20 世纪 80 年代以来，我国网球运动水平提高幅度较快。1986 年第 10 届汉城亚洲运动会网球比赛，我国李心意获女子单打冠军。1990 年第 11 届北京亚洲运动会网球比赛，我国运动员获得三块金牌（男子团体冠军、潘兵获男子单打冠军、夏嘉平和孟强华获男子双打冠军）、三块银牌和一块铜牌。女子队参加 1991 年联合会杯网球团体赛，在 58 个参赛队中进入 16 强，李芳的国际网球排名从 200 位跃升到 155 位，夏嘉平参加世界大学生运动会网球比赛获得男子单打冠军。这些成绩说明我国网球运动有了长足的进步，令人鼓舞。然而从世界角度看，我国网球水平存在的差距是相当大的，仅从国际网联世界排名看，1991 年我国男子排名最前的是 300 位，女子排名最前的是 155 位。这个时期我国已经进入了改革开发的新时期，对运动的重视程度有了很大的提高，与外界的交流也开始增多。中国陆续派出队员参加国际比赛，1992 年巴塞罗那第 25 届奥运会网球赛，中国有 5 名选手参赛。女单李芳、陈莉，女双李芳／唐敏，男双孟强华／夏嘉平，除女双进入第二轮外，其他均在第一轮被淘汰。1990 年、1994 年亚运会网球赛，中国选手潘兵荣获男单冠军；1990 年亚运会，陈莉荣获女单冠军。中国网球逐渐步入国际网坛，进入了重要发展时期。

4．中国网球的快速发展时期

进入 21 世纪后，中国网球进入快速腾飞的新时期。2002 年，中国女子网球队在联合会杯亚大区地区赛中，实现了历史性突破，首次冲出亚洲，打入了联合会杯世界组外围赛。在亚大区 A 组 11 个国家为期一周的较量中，中国队以全胜的战绩，进入了联合会杯世界组的比赛。2004 年雅典奥运会，李婷／孙甜甜组合一路拼搏，为中国夺得了历史上首枚网球项目的奥运金牌。李娜在 2011 年澳大利亚女子网球公开赛上获得亚军；同年，在法国网球公开赛女单决赛中，成为首位夺得网球大满贯赛女子单打冠军的亚洲选手。在 2013 年温网女双决赛中，海峡组合彭帅／谢淑薇夺得了温网女双冠军，从而成为继郑洁／晏紫之后第二对获得温网女双冠军的中国球员，也是中国选手夺得的第 5 个大满贯成年组冠军，其中女双冠军达到 3 个。2014 年，李娜在澳大利亚网球公开赛的女子单打比赛中直落两盘击败齐布尔科娃，加冕澳网冠军。

中国的网球已开始向世界证明着我们的水平,标志着中国网球的腾飞。大批中国网球选手走进四大满贯赛、走进奥运会、走进各类国际网球赛事,活跃在国际网坛。

二、中国网球组织机构简介

(一)中国网球协会

中国网球协会(协会会标见图1-20)是中国网球运动的全国性群众组织,是中华全国体育总会领导下的单项运动协会之一。1953年成立,下设教练、裁判、科研和设备等4个委员会。协会从1953年起举办全国性比赛,目前每年举办两次团体赛、两次单项比赛、1次青少年比赛、1次硬地冠军赛。通过比赛选拔最优秀的运动员代表国家参加重大国际比赛,还赞助各地举办各种类型的比赛。

图1-20 中国网球协会会标

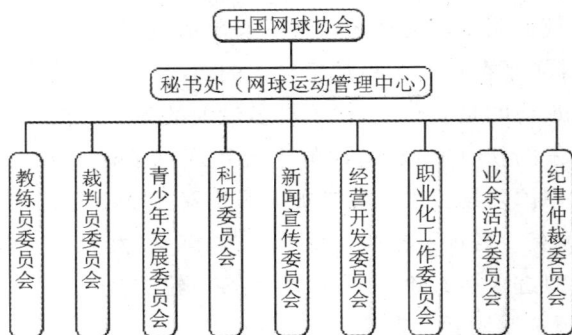

图1-21 中国网球协会组织机构

(二)中国大学生网球协会

中国大学生网球协会(以下简称称大网协)(协会会标见图1-22)成立于1994年8月9日,是中国大学生体育协会下属的分会,由浙江大学和上海大学共同承办,首届协会的会址和秘书处设在浙江大学,浙江大学为主席单位,上海大学为副主席单位。协会成立之初,共有42所会员学校。协会下设教学、训练、科研、对外联络、竞赛和裁判委员会6个工作机构,常年开展工作,进行日常事务的运作。自大网协

图1-22 中国大学生网球协会会标

成立以来,协会每年举办一届全国大学生网球赛,1997年、1999年和2003年因故停办。现协会主席单位是中国人民大学,秘书处设在中国人民大学。

三、中国网球赛事简介

（一）中国网球公开赛

中国网球公开赛（赛会会标见图 1-23）创办于 2004 年，每年一届定期（每年第 41 周）在京举行（以下简称中网赛）。赛事同时拥有国际女子职业网球协会（WTA）、国际男子职业网球协会（ATP）和国际网球联合

图 1-23　中国网球公开赛赛会会标

会（ITF）等三大国际网球组织的赛事举办权，是亚洲地区设置最全、级别最高、参赛球员最多的国际网球赛事。2009 年全面升级后，该赛事成为全球级别最高的八项（含四大满贯赛事）顶级网球赛事之一。中网赛的赛事经过 9 年的发展，已经逐渐发展成为中国推广范围最大、推广周期最长的网球赛事，并且是亚洲顶级的网球赛事。女子赛事为 WTA 皇冠明珠赛事（仅次于四大满贯赛事，全球仅 4 站），男子赛事为 ATP 500 赛事（仅次于四大满贯赛事、ATP 1000 赛事，全球 11 站）。2013 中国网球公开赛奖金超过 750 万美元，其中 WTA 奖金为 5185625 美元，ATP 奖金为 2315250 美元；青少年赛事为 ITF 青少年二级巡回赛。

中网赛的现场观众数、电视转播覆盖率和媒体宣传总量逐年递增。2012年，赛事现场总观众数达到 27.04 万人次；赛事电视转播总时长 2450 小时，覆盖了全球 157 个国家和地区，欧洲地区位列赛事转播时长排名首位；全年媒体推广总价值超过 40 亿元。

2013 年中国网球公开赛钻石场馆比赛于 2013 年 9 月 28 日至 10 月 6 日在国家网球中心莲花场馆举行。自 2004 年以来中国网球公开赛历届男女冠军榜一览表见表 1-5。

表 1-5　自 2004 年以来中国网球公开赛历届男女冠军榜一览表

年份	男单	女单
2004	萨芬（俄罗斯）	小威廉姆斯（美国）
2005	纳达尔（西班牙）	基里连科（俄罗斯）
2006	巴格达蒂斯（塞浦路斯）	库兹涅佐娃（俄罗斯）
2007	冈萨雷斯（智利）	扎维（匈牙利）
2008	罗迪克（美国）	扬科维奇（塞尔维亚）
2009	德约科维奇（塞尔维亚）	库兹涅佐娃（俄罗斯）
2010	德约科维奇（塞尔维亚）	沃兹尼亚奇（丹麦）
2011	伯蒂奇（捷克）	A.拉德万斯卡（波兰）
2012	德约科维奇（塞尔维亚）	阿扎连卡（白俄罗斯）
2013	德约科维奇（塞尔维亚）	小威廉姆斯（美国）

(二) 全国大学生网球赛事简介

全国大学生网球锦标赛是我国高等院校最高级别的网球赛事,由中国大学生体育协会举办,简称大网赛。比赛分甲、乙、丙三个组别,甲组为未享受高考体育加分的本科生,乙组是享受体育加分的本科生,而丙组是现役或退役运动员。比赛设有男子单打、女子单打、男子双打、女子双打、男子团体、女子团体的比赛,参赛运动员是在校大学生。

1994 年第一届全国大学生网球锦标赛(以下简称大网赛)在浙江大学举行,迄今大网赛已经成功举办了 19 届(见表 1-6)。

表 1-6　历届全国大学生网球锦标赛一览表

届次	时间	举办地点
第一届	1994 年	浙江大学
第二届	1995 年	江西财政学院
第三届	1996 年	四川联合大学
第四届	1998 年	浙江大学
第五届	2000 年	河南师范大学
第七届	2001 年	上海大学
第八届	2002 年	暨南大学
第九届	2004 年	西南石油大学
第十届	2005 年	中国矿业大学
第十一届	2006 年	武汉体育学院
第十二届	2007 年	哈尔滨商业大学
第十三届	2008 年	华东理工大学
第十四届	2009 年	四川大学
第十五届	2010 年	桂林电子科技大学
第十六届	2011 年	西安建筑科技大学
第十七届	2012 年	昆明理工大学
第十八届	2013 年	中国人民大学
第十九届	2014 年	浙江师范大学

备注:1. 1998 年在浙江大学举办首届亚洲大学生网球邀请赛暨第四届全国大学生网球锦标赛。

2. 2001 年在上海大学举办的第七届全国大学生网球锦标赛应该是第六届,此处为一差错。

思考题

1. 何谓网球大满贯赛事? 这些比赛在场地、赛制方面有何异同点?

2. 请简述中国网球运动的发展。

第二章 网球运动的主要功能

◎ **本章导读** ···

　　网球运动象征着悠闲、高雅、美感和时尚，洋溢着青春、健康、热情与活力。从事网球运动不仅可以强身健体，娱乐身心，也能陶冶情操，提升文明礼仪素养水平。本章重点介绍了网球运动的健身功能、教育功能、社会功能和文化功能，通过学习，有助于提升学生对网球运动的认知，激发对网球运动的兴趣，提升体质健康与综合素养水平。

第一节　健身功能

　　网球运动是以身体练习为主要手段，人体直接参与并承载一定的运动负荷的运动项目，健身性是网球运动的本质功能。网球运动是有氧和无氧交替的全身肌肉协调参与的运动项目，坚持不懈地进行练习，能使机体呼吸、循环、消化、神经、内分泌、肌肉骨骼、造血系统等身体器官受到良好的刺激，有助于促进人体新陈代谢，增强血液循环系统的改善，提高心肺功能，消耗多余热量，增加人体免疫能力，有效增强力量、耐力和速度素质，提高反应、灵敏和协调素质的发展，从而达到增进健康、增强体质的健身目的。

一、网球运动对促进身体形态和机能发展的影响

　　1. 网球运动对骨骼的影响

　　经常参加网球运动，由于肌肉参与运动对骨骼的牵拉作用，会使骨骼表面的隆起更为显著，骨密度增厚，管状骨增粗，使骨的形态结构发生良好的变化，同时也能够使骨骼抗压、抗弯、抗折断等机械性能得到提高。许多研究表明，对于发育中的骨骼，较低和中等强度的运动负荷可明显促进其骨密质的形成、骨小梁新骨形成增加、骨小梁排列更有序化。

　　2. 网球运动对肌肉的影响

　　骨骼肌是实现人体运动的器官，科学的网球运动可使骨骼肌的形态、结构及功能发生一系列适应性变化。经常参加网球运动可使肌纤维肥大（围度增加）、肌膜增厚、抗牵张强度提高、肌纤维线粒体数量增加、体积增大、肌肉有氧氧化生成 ATP 的能力增加、肌肉内能储备与储氧能力增加。研究发现，肌纤维的毛细血管在锻炼后开放的数量明显增多，为安静时的 $20\sim30$ 倍，这样可以使肌肉血液供给得到改善，有利于肌肉进行紧张持久的工作。

3. 网球运动对身体成分的影响

网球运动对身体成分有重要的影响。男大学生通过长期网球运动训练，上臂皮脂、背部皮脂、腹部皮脂的厚度明显减少；尤其对女性来说，对四肢进行锻炼的同时，也促进了胸、腰、腹，特别是肩和臀等部位的健美。不但能使身体趋于曲线美，而且能使柔韧和力量互相协调，对保持"健美匀称"的体形会带来意想不到的效果，有氧运动可明显增加脂蛋白酶的活性，脂蛋白酶活性的增加，可促进运动中和运动后体内的脂肪分解，增加脂肪的利用率，促进肌肉发达有力，瘦体重增加，体脂率下降，从而达到强身健体、保持健美体型的目的。

4. 网球运动对心脏泵血功能的影响

网球运动可使心肌细胞内毛细血管分布与功能结构增多。心脏的这些结构与功能的改变，将有利于心肌有氧氧化供能，使心力储备和心肌收缩功能增强，每搏输出量增加。可使心肌合成代谢增强，心肌收缩蛋白增加，心肌纤维有不同程度地增粗肥大，心肌细胞的功能活动增强；同时，毛细血管功能活动增强，有利于心肌运动时氧的弥散与营养物质的供应。

5. 网球运动对血液循环系统功能的影响

网球运动能使营养心脏毛细血管的数量增加，心室肌毛细血管密度增大，冠状动脉增粗，有利于心肌的血液供应和对氧的利用，使血氧饱和度增高，肌红蛋白增加，机体内含氧量增强，从而可以提高人体最大吸氧量。

6. 网球运动对呼吸系统机能的影响

网球运动对提高肺活量水平也有着积极的影响，经常参加网球运动的大学生，肺活量明显增加，有氧运动能力有显著提高，说明网球运动对改善机体的生理机能有积极的影响，肺泡通气量和气体交换率加大，肺通气更有效，可以提高心脏的泵血能力、血液运输氧的能力和肌肉利用氧的能力。经常参加网球运动还可以使肌肉中的毛细血管增加，线粒体数目增多和体积增大，促进静脉血液回流和有氧氧化酶的活性增加，并可以提高肌红蛋白的含量和最大吸氧量。

7. 网球运动对合理改善体型的影响

美国大学运动医学会（ACSM）提出，要达到全身减肥的目的，每天应该做30分钟以上且每分钟心率为120～160次的中低强度有氧代谢运动。对于普通网球爱好者来说，这相当于一场低强度单打比赛的运动量，网球运动作为有氧和无氧交替的全身肌肉协调参与的运动项目，长期进行锻炼，减肥功效也是很显著的。

二、网球运动对提高身体素质的作用

身体素质，通常指的是人体肌肉活动的基本能力，是人体各器官系统的机能在肌肉工作中的综合反映。身体素质一般包括力量、速度、耐力、灵敏、柔韧等。身体素质经常潜在地表现在人们的生活、学习和劳动中，自然也表现在体育锻炼方面。一个人身体素质的好坏与遗传有关，但与后天的营养和体育锻炼的关系更为密切，通过正确的方法和适当的锻炼，可以从各个方面提高身体素质水平。

根据网球运动的特点,无论是进行网球比赛还是将打网球作为一般性的健身活动,参与者都要在场地上不停地进行脚步移动、发球、转体、挥拍,合理地运用各种击球技术和步法在场地上处理"人球关系",经常用到的肌肉有大腿股四头肌、腰肌、腹肌、背肌、肩部和腕部肌肉等,例如在击球时,提臀、挺胸、收腹等一系列动作可锻炼腹肌,从而增大了上肢、下肢和腰背部肌肉的力量。网球运动要求参与者在短时间内对瞬息万变的球路作出判断,需要敏捷与快速反应能力;在双方对打的过程中,为了取得主动,需要有速度、耐力和速度耐力;在被动防守时又需要有很好的灵敏和柔韧性;双打中又需要极快的反应与判断能力。因此,经常从事网球运动可以有效发展和提高人体的速度素质(反应速度、位移速度)、耐力素质、力量素质、柔韧素质和灵敏协调素质。

三、防治疾病　延年益寿

据相关研究成果报道,经常运动可以减少 50％得糖尿病、30％得心脏病、20％得乳腺癌的概率。60 岁以上的银发族,一周如果有 3 次、每次 45 分钟以上的中等强度运动,有助于维持较好的认知功能,有利于预防健忘症与老年痴呆症。一周运动 3 小时以上,可降低 35％～40％患心脏病的风险。

研究表明,经常打网球可以增加人体的心肺功能,增加肌肉力量,延缓骨质疏松;缓解压力、增加人际交往,提高合作互信,疏解忧郁,增进自信与乐观;帮助睡眠,控制体重,减少荷尔蒙分泌(促使血压上升),增加牛磺酸的分泌(具有降低血压的作用),使运动者活得健康、活出质量、活得长寿。

第二节　教育功能

网球运动有"贵族运动""文明运动"之美誉,有着悠久的历史和深厚的文化底蕴。任何一种文化都是一种价值取向,影响人们的目标追求。网球运动中的技能、心理、准则、礼仪等将网球文化所传达的思维模式、道德规范、行为准则有机地融为一体,也影响着人们的思想和行为。就学校网球运动而言,学生不仅可以学习网球知识、技术和技能,还能培养坚韧、诚信、文明、谦虚、自信、尊重他人、团结协作等素养,对影响并改良大学生的生活方式,树立自信,克服自卑,消除心理抑郁,增强身心健康具有十分积极的意义。

一、意志品质的养成教育

网球运动因其户外性、竞争性等诸多特点对参与者的意志品质有一定的要求。在紧张激烈的网球比赛中,不仅需要运动者有较强的战术意识、清醒的头脑、敏捷的思维和较强的分析能力(包括对对方战术意图的揣摩、对各种战机的把握、对自己运用战术的选择等智力因素,才能在比赛中应付错综复杂的局面,灵活地运用各种战术,掌握比赛的主动权),而且还需要运动者具有顽强的意志品质去应对比赛的紧张激烈。通过比赛能使参与者的意志品质得到很好的锻炼,同时使人的智、勇、技在竞争与对抗中得到升华,意志得到磨炼。

小贴士 史诗般的对决——德 VS 纳之战

　　2012 年度的澳网比赛中,塞尔维亚球王德约科维奇和西班牙红土之王纳达尔展开的两人职业生涯的第 30 次对决,也是一场网球历史上史诗般的对决,全场比赛耗时 5 小时 53 分钟,此役也成为澳网历史上耗时最长的比赛。比赛结束后的颁奖仪式上,两位网坛巨星因体力不支不得不倚靠在网球网上。

二、文明礼仪的养成教育

　　网球运动充满了挑战和乐趣,蓝天白云、明媚的阳光、新鲜的空气、涔涔的汗水、悦目的场地,为无数陌生的朋友搭起了一座座友谊的桥梁。人们在参与网球竞技的同时,还可以从中感受到所有参与者所具备的良好的行为素养和发自心底的友善态度。现代网球运动长期保持着高雅、礼貌、文明的文化氛围,具有非常规范的礼仪和规则。球员与球员、教练、观众之间始终以礼相待,观众在观赏网球比赛时中途不能走动和发出声音。现代网球文化既保留了古代网球的文化、礼貌和高雅性,又增强了现代网球运动文化的大众性。网球运动对网球从业者和网球爱好者的言行举止都有着很高的要求,只要在网球场上,就应该遵守网球运动的礼仪,学会注意自己的仪表是否得体、待人接物的态度是否礼貌、是否尊重他人等良好的行为习惯。如果经常进行网球锻炼和比赛,良好的网球文化氛围和自律规范,会积极影响运动者的言行举止、日常学习生活乃至职业操守,从而提高运动者的礼仪修养和思想素质水平。

三、诚信品质与自信的养成教育

　　诚实守信是中华民族的传统美德,是我们每个人的立身之本,也是当代大学生公民道德建设的重点。诚信守则是网球文化的内涵核心,业余活动中的网球比赛大多是无裁判下的信任制比赛,运动员一定要做到诚实,把好球说成出界或把出界说成好球都是不诚实的表现;诚信品质的体现贯穿在整个网球活动的全过程,而网球活动也是最能体现一个人诚信品质的体育活动项目之一,有助于大学生诚信守信品质的养成教育。

　　自信是网球文化的内涵基础,与其他任何运动项目一样,网球技术的掌握也是一个循序渐进、不断巩固而逐渐提高的过程,是一个从不会到会、从不熟练到熟练的过程。要求参与者要相信自己,通过学习优秀选手的技战术和自己的刻苦锻炼,能够逐步掌握网球技战术的核心,进而提升自己的自信心。同时,网球运动的规则规定单打比赛时是不允许教练指导的,一场网球单项赛在一定意义上是一场一个人的战斗,所以网球运动员必须有克服各种困难的勇气,需要情绪稳定,对自己充满信心。

四、网球运动与心理调控

经常参加网球活动有助于情绪和心境状态的改善。网球运动是一项情趣高雅、健康时尚的运动。通过参与网球运动,可以陶冶情操,提高自身修养,在健身的同时,达到健心的功效。网球场地多在户外,运动时可以呼吸新鲜空气,沐浴阳光,接近大自然进而使人暂时忘记工作、学习和生活中的不快和烦恼,获得一种精神上的自由感,可以疏解压力,让人体验和享受生活的快乐。通过双打合作,可以增强自信和互信,克服自卑心理和孤独感,对缓解和消除抑郁症等心理疾病有一定的效果。有研究报道,每天 30 分钟的网球锻炼对有效减轻紧张、焦虑等不良情绪,控制应激能力大有裨益,从而获得良好的情绪体验。

小贴士　　**大学生心理健康的一般标准**

1. 了解自我,悦纳自我
2. 接受他人,善与人处
3. 正视现实,接受现实
4. 接受生活,乐于工作
5. 能协调和控制情绪,心境良好
6. 人格完整和谐
7. 智力正常
8. 心理行为符合年龄特征

五、网球运动与终身体育

网球运动之所以成为群众性广泛、男女老少所喜爱的运动,主要在于该项目不受年龄、体力、心理、生理等限制,从六七岁的少年儿童到八九十岁的耄耋老者,都可以参与,所以网球也是所有体育运动项目中运动寿命最长的项目之一。年轻人可以显示他们优良的身体素质、强劲的力量和快速奔跑的能力,开展竞技性网球;少年儿童可以在愉悦中开展学习性网球;中年人及古稀老人可以根据自身的身体、心理、生理条件,进行适宜运动强度的交往性网球。

学校体育是终身体育的中间环节,是群众体育的基础。网球运动具有的普遍性、可调节性、娱乐性、观赏性等终身体育教育特征决定了网球运动是学校体育与终身体育接轨的有效结合点。近几年来,尤其是自中国网球选手在国际大赛取得骄人成绩以后,在全社会掀起了网球热,网球俱乐部、少年网球培训班、网球协会如雨后春笋般发展起来,学校网球运动也成为校园一道亮丽的风景线,为群众网球运动、社区网球运动、家庭网球运动的开展起到了普及与推广作用,成为全民健身和终身体育运动项目的一朵奇葩。

第三节　社会功能

网球运动不仅是一种富有乐趣的高雅的运动,更是一种体育休闲文化。作为一种特殊的文化形态,它不断以渗透、融合、感染、凝聚、净化等方式影响着人们的社会生活和休闲生活。从某种意义上讲,网球运动还能作为人们社交的一种手段,对实现人的社会化具有特殊的作用。

一、网球运动与现代生活方式

体育运动将成为城市文化氛围和现代生活方式的重要内容,随着社会生活水平的日益提高,人们一方面追求生命质量和生活品质,另一方面,却又在虚拟空间耗费越来越多的时间,令身体机能逐渐减弱,人际交往冷落。而体育恰恰具有健身健美、休闲娱乐、宣泄压力、人际交往的作用,对每个个体来说,都是一种积极健康、有品位、有格调的生活方式。

网球运动作为一项深受大众喜爱的热门运动已逐渐进入现代人的文化生活,潜移默化地影响着人们的生活方式。观看重要的国际网球比赛,是许多人休闲、度假的重要选择之一。独特的网球文化使得网球运动成为现代社会中人们崇尚的生活方式之一。网球运动最早流行于欧洲贵族之间,发展到现代,尽管已脱去其贵族的奢华气息成为全球化、大众化、市场化的运动。但一般人看来网球仍是一项绅士运动,打网球者经常给人们一种温文尔雅的感觉。对于赶在时代最前沿、具有超生活理念的白领阶层和高校大学生们来说,则多把打网球当作一种时髦。由于它在上层社会长期流行积淀了厚重的网球文化并总是在经济文化发展较快的地区最先流行起来,因而一直被认为是在体育运动中含"金"量最高的运动项目之一。网球运动因其所具有的独特健身价值和欣赏价值,成为大众追崇和喜爱的时尚体育项目,成为人们休闲娱乐和社会交往的组成部分。

二、网球运动与社会交往

在美国曾有一句名言:"现在,假如你只懂得打网球,你就已经具备了生存的条件!"网球运动是公众关系的最好媒介。网球场就像是一个社会的缩影,在这个人流较大的社交场合,不同阶层,不同年龄、性别的人因同样的目的汇聚于此,交流着互相感兴趣的事,展现出自身潜在的社交能力,无形中培养了健康积极的心态。打网球可以交流球技,增进友谊,开展社会交往活动。在球场上,球友之间很容易拉近关系,取得信任;球友们在一起不仅能相互交流、共同提高球技,还能够在其他方面相互学习、取长补短,提升自身的素质。网球运动在现代已被作为一个非常便捷的社交途径,这也是网球运动具有很强吸引力的一个重要原因。网球运动场既是竞技场也是社交场所。

人们到网球运动场不仅可以打网球,还可以通过打网球促进友谊,交流感情。不管你是要谋职谈生意或只想交个朋友,只要你懂得打网球就可以寻找共同兴趣,由浅入深,慢慢切入你所要谈的话题。网球运动也已成为大众社会交往能力培养和交际活动的平台,特别是对于大学生来说,在培养其网球兴趣的同时,还可寻得社会交往的机会,促进其社会能力方面的发展,为日后踏入职场和社会打下良好基础。

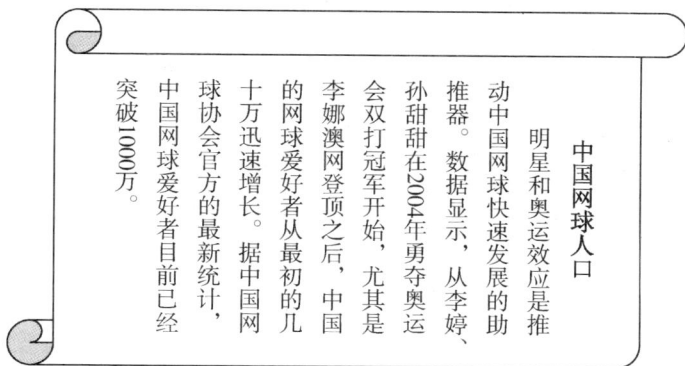

中国网球人口

明星和奥运效应是推动中国网球快速发展的助推器。数据显示,从李婷、孙甜甜在2004年勇夺奥运会双打冠军开始,尤其是李娜澳网登顶之后,中国的网球爱好者从最初的几十万迅速增长。据中国网球协会官方的最新统计,中国网球爱好者目前已经突破1000万。

第四节　文化功能

网球不仅是一项体育运动更是一种文化活动。它已经成为人们健全和美化自身的一种文化手段,网球文化正是在网球运动的不断发展与变迁中沉淀下来的。

世界网球文化的发展经过以下几个阶段:

1. 英、法初创期(16—17世纪)

主流文化标志:萌芽状态,具有启蒙性、纯娱乐性,宫廷气息浓厚。

2. 近代期(18世纪70年代至20世纪20年代)

主流文化标志:以1912年国际网球联合会创立于巴黎为标志,世界各国网球赛事频繁展开,表现为以竞技性为本体特征的跨国网球,文化初步形成,规则与竞赛制度文化建立并走上国际化轨道。

3. 全面提升期(20 世纪 90 年代后)

主流文化标志：现代竞技网球形象确立。国际网联注册国数量增加，竞技水平，竞技人员的技术、战术水平进一步提高，国际性网球文化初见端倪。

4. 创新飞跃期(21 世纪以后)

主流文化标志：网球的职业化、商业化、人文化程度逐渐提升，不同形式的多元的全球网球文化逐步形成。

随着时代的发展进步，社会不同文化的交汇融合，网球运动也逐渐形成了自己独有的融校园文化、节日文化、产业文化、礼仪文化和服饰文化等为一体的文化氛围。如在国内举办大型网球赛事已经不仅仅是单纯的比赛，而成了网球迷们的节日盛会。各类网球赛事积极营造以网球为主题的嘉年华活动，对地区经济的拉动、对城市品牌的建设以及对市民文化生活的影响已经大大超出了体育赛事的范畴。

网球运动已经成为时尚的舞台。早期的网球比赛在服饰规定上比较严格，男士要穿有翻领的短袖运动衫和运动短裤，女士则必须穿着网球裙进行比赛，而这些对服饰的限制是出于对裁判和观众的尊敬。随着网球运动的发展和社会的进步，网球运动也出现了浓重的时尚文化，色彩上设计独特的运动服饰开始出现在网球赛场上，运动品牌商在这方面也大做文章，设计出款式前卫又适合运动的网球服饰，如小威的高帮网球鞋、迷你网球裙，网球美少女沙娃的造价几十万的纯金边网球鞋、性感的露背连衣裙，纳达尔的无袖背心和七分运动裤，等等，这些都成为球赛的一大看点，网球比赛不仅是一场对抗激烈的比赛，还是一个展示运动时尚的 T 形舞台。

网球文化中的价值观念，一旦发育成长到习俗化、大众化的程度，就会像其他文化形式一样产生强制性的规范作用，让人们极其自然地与网球文化所要求的思维模式、道德规范、行为准则保持一致。这也是网球文化的融合作用，它是一股看不见的强有力的潜移默化的力量，影响着人们的思想和行为，"尊重网球场上的一切人与物"，这是所有热爱网球的人应该做到的，礼仪与规范已成为网球运动中的核心文化，传播着社会的文明与进步。

网球文化内涵的核心——诚信守则。网球运动要求诚实并遵守规则，尤其在没人执裁的信任制比赛中更要做到诚实。诚实守信对高校网球运动尤为重要，因为高校网球活动多是在无人执裁的情况下进行。

网球文化的本质属性——文明高雅。网球运动还规定球员不能穿背心、打赤膊、服装不能印过大的宣传商标等；同时规定看台观众不得高声喧哗、随意走动。网球运动的文明、高雅随处可见。

网球文化内涵的基础——谦虚自信。网球是一项不易上手的项目，任何网球高手的成长都是一个量变积累到质变的过程。球员只有不断发现自己的不足，不断练习提高技战术水平，才能在不允许有教练指导的比赛中获胜。

网球文化内涵的重要组成部分——相互尊重、团结协作。赛前，双方运动员挑边时要面向裁判员,赛后要主动和裁判员握手以表尊重。团队协作也无处不见:教练与球员间、团体赛的队友间、双打搭档间均需默契配合。

思考题

1. 简述网球运动对促进身体健康的积极作用。
2. 如何理解网球运动的社会性和文化性?

第三章　网球运动必备知识

◎本章导读

本章阐述了网球场上应遵循的行为礼仪,介绍了如何选购合适的装备,比赛时的饮食及合理饮食的结构,赛前、赛中和赛后如何补充水分,以及网球运动损伤的预防与治疗等方面的知识。掌握上述知识能使你尽快地融入折射着浓郁文化底蕴的网球氛围,尽情享受网球运动的乐趣。

第一节　网球运动装备

一、参与网球运动应配备的装备

(1) 一个能装 3 支球拍或 6 支球拍的网包。

(2) 一支网球拍,当然最好能有一支备用拍,以免球打了一半因拍线断了而扫了兴致。

(3) 一筒网球。

(4) 一双网球鞋和两双运动袜。

(5) 一套运动长袖衣裤、一件背心和两套短袖 T 恤衫裤(裙)。

(6) 一条毛巾、一顶遮阳帽、一副太阳镜和护腕。

(7) 女士的话可带上一条束发带。

(8) 防晒霜和饮用水。

二、装备选购指南

(一) 选择球拍

现今可供选择球拍的品牌、型号琳琅满目,如何从中选择合适的球拍可不是件轻松的事。对初学者来说,不必买最新最好的球拍,只要能选到适合自己特点的拍子就足够了。除了考虑品牌、制作材料和价格外,把握好以下几个原则,就能帮助你买到称心的球拍。

1. 对首次购买者的建议

(1) 到球场借别人的球拍试打,虽有些不便但效果良好。

(2) 请专业人士推荐。

(3) 多了解一些球拍技术参数的含义。

（4）根据身高、体形和体能的情况来决定购买的拍子。如身材高大、力量好的球手可买拍身较软、弹性较小的球拍，因为他们能完成幅度大、速度快的挥拍动作；如是身材瘦小、力量较差的球手，则可买拍身较硬、弹性较大的球拍，这样无须太过费力他们的击球就能获得足够的威力和深度。

（5）拿起拍子挥动一下，凭自我感觉购买重量适中、挥动自如的球拍，等以后对球拍有了更多认识后再行更换。

2．了解三大类型球拍的特点

许多厂商都生产三种类型的球拍以适应三类不同的球手：

（1）挥拍幅度小、速度较慢的球手应选择拍身较硬、弹性较大的球拍。

（2）挥拍幅度大、速度较快的球手应选择拍身较软、弹性较小的球拍。

（3）而挥拍幅度和速度中等的球手则适合购买性能介于上述两者之间的球拍。

3．把握好重量、挥重、拍面的关系

（1）重量

网球拍的重量有轻（L）、中轻（LM）、中（M）和重（H）四个系列，供不同力量者选用。重量对选择球拍来说是第一要素，一支较重的球拍具有较强威力、抗扭转力强、手感舒服、有利于控制方向和制造旋转等优点；但拿在手中感觉较重的拍子并不一定是适合你的好拍，因为过重的拍子会使球拍的操控性能降低，进而影响到挥拍的速度和幅度，且容易引发网球肘。因此，合适的球拍重量应挥拍轻松以不会导致挥拍速度减慢或幅度变小为宜。而太轻的球拍，不利于击球力量的施展，进而影响技术水平的正常发挥。

（2）挥重

挥重是指挥拍时持拍手臂感觉到的拍子重量。即重量完全相等的两支球拍，由于拍体重量分布比例的不同，挥拍时会感觉到不同的重量。重量主要分布在拍头会感觉拍子重，重量主要分布在拍柄就感觉拍子轻。挥重往往是操控性能的综合反映，挥重越大，操控灵活性越低，但弹性好、手感舒适；挥重小则操控灵活性高，弹性、手感稍差。

要检验一支球拍属于重头拍、平衡拍还是轻头拍，只要用手指放在拍下的中点处，就可一目了然。拍头下垂为重头拍、拍柄下垂为轻头拍、拍子基本保持水平为平衡拍。

（3）拍面

球拍拍面从 85 平方英寸到 135 平方英寸的都有，可分为小拍面、中拍面和大拍面球拍三类。不同的拍面拥有不同的特点。拍面越大，球拍的最佳击球区（甜点）越大，也就意味着可在较大的区域里击出稳定有力的球。但大拍面球拍的不足之处是操控灵活性低，控球较差，它适合底线型选手而不适宜上网型选手使用；小拍面球拍的特点是操控灵活，控球好，甜点范围稍小但集中，适合上网型和综合型选手使用；中拍面球拍的性能介于上述大、小两类球拍之间。

4. 根据自身身体条件和技术特点选择拍子

（1）以旋转球为主的打法，可选购拍框较薄的球拍。

（2）底线型选手选购球拍平衡头重的，上网型选手选择头轻的。

（3）要增加力量或攻击力，则可选择小拍面或平衡头较重的球拍。

（4）要增加灵活度可选择小拍面或平衡头轻的。

（5）要避震效果好减少运动伤害，可选大拍面或材质、握把设计经过消震处理的。

（6）如挥拍动作比较大（底线型）就可选择较软、球拍材质配方较有弹性或拍框较薄的球拍；挥拍动作比较小就可选择较硬或拍框较厚的球拍。

5. 其他技术参数

（1）拍柄型号

在每一款球拍上都有一个表示拍柄粗细的标记，如 L41/4—L 表示该拍为轻重量拍、拍柄周长为 41/4 英寸。见表 3-1。

表 3-1　拍柄型号

把　　号	把尺寸（英寸）	把尺寸（毫米）
2	$4\frac{1}{4}$	108
3	$4\frac{3}{8}$	111
4	$4\frac{1}{2}$	114
5	$4\frac{5}{8}$	117
6	$4\frac{3}{4}$	120
7	$4\frac{7}{8}$	123

如何才能确定合适的拍柄尺寸呢？通过测量手掌长度就能得出答案。具体方法为手掌摊平，用尺测量从掌心（第二掌线处）到中指指尖的长度（图 3-1），该长度就是基本适合你的拍柄粗细尺寸，对照拍柄尺寸表就能知道应购买几号

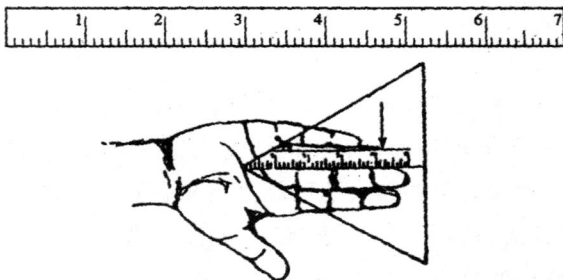

图 3-1　测量手掌长度选择合适的拍柄尺寸

拍柄的球拍了。当然,舒适地握着球拍的感觉最重要,每个人可根据自己的喜好进行选择。但应掌握一个原则,宁愿拍柄偏细也不要拍柄太粗,拍柄偏细只要缠上厚型的吸汗带就行,而拍柄太粗会使你握拍不紧,影响击球力量的发挥。

（2）减震指数

减震指数是指击球时,球拍产生振动后的消失能力。分 1～10 级,指数高（6～10 级）,则震动能迅速减弱到 0,表示球拍质量好。

（3）最佳击球区

分 1～10 级,指数越大说明球击在更大范围的弦上,仍能感觉良好。

（4）扭转抗力

扭转抗力是指当球击在拍框附近时,球拍的扭转程度。指数越高,说明球拍的质量越好。

（5）硬度指数

球拍的硬度直接影响到它的弹性,硬性球拍弹性好,软性球拍弹性差;硬性球拍控球方向好击球有力、软性球拍击球稳定性好容易使球产生旋转。硬度分 1～10 级,指数低（1～4 级）是软性球拍,指数高（6～10 级）为硬性球拍。

（二）挑选网球

目前,市场上销售的网球品种大多一致,均为用橡胶化合物做内胎,外表以羊毛和人造纤维合成的毛皮覆盖制成,但在重量和直径上不同品牌的球却有一定的区别。挑选时首先要检查球压,网球应具有良好的弹性,用手指按压时硬中带软,一只标准比赛用球从 2.54 米的高处自由落下时,应能在平硬的地面上弹起 1.35～1.47 米的高度（劣质网球用手指按压很硬或很软且弹性差）。其次注意球的外表,制作精良的网球表层毛皮厚度均匀、细密,与内胎黏接牢固,接缝精致;质量差的球毛皮厚度不均、松散,接缝粗糙。再次,球的圆度也是衡量球质量的一个标志,球体不圆的球是不能在正式比赛上使用的。此外,选购网球还应考虑不同球场的因素。草地网球场应选绒毛较短、较轻的球;硬地网球场应选绒毛较长、较重的球;室内球场和土场则选用绒毛长短适中的球。

图 3-2　不同品牌的网球

世界上有三家顶级的球具生产厂商都有驰名已久的网球产品：维尔胜的 U. S. Open、邓禄普的 Grand Prix 和 Penn 的 Masters Series。

（三）服装、鞋和小配件的购买

1. 服装

纵观现代网球运动的发展史，从它诞生的那天起，就对运动员比赛时的着装有了规定。我们很难想象 19 世纪末，女士们穿着长及脚踝的高领连衣裙、衬裙和紧身胸衣，脚穿平底皮鞋，男士们穿着纯羊毛裤或带绑腿的灯笼裤，穿着长袖衬衫、背心和西服，系着领带，甚至还戴着礼帽在球场上奔跑的情景。但网球服装的变迁一直紧跟时代进步的步伐，始终透着浓郁的时代气息。1919 年法国网坛明星苏珊娜·伦莱恩穿了一件不着胸衣和衬裙的连衣裙，轰动了保守的网球界，推动了女子服装的变革。终于，实用性占据了主导，平顶草帽取代了礼帽；女士们脱下了长裙，穿上了白色帆布胶底鞋；男士们脱去了西装，卷起了衬衫袖子。白色的长裤、白色的衬衫、白色的毛线衣和白色的运动鞋使运动员们显得更为高雅、神采奕奕。至此，白色被人们作为网球运动的标准颜色得到了长期推崇，它所代表的纯洁、高雅为网球运动树立起良好的形象。

到了近代，网球服的设计更趋人性化，自由、舒适和便于运动成了主基调。男士们的白色长裤变成了短裤，衬衣换成了 T 恤；女士们的裙子也演变成了网球短裙。男子服装的设计简洁、大方、协调，突出了绅士运动的风范；女子服装则展现出绚丽多彩的变化，合体连衣裙、紧身 T 恤、超短裙，各色服装琳琅满目，成为网球场上一道亮丽的风景线。而明星运动员服饰的"示范效应"更是吸引了大批球迷的眼球，如耐克公司为桑普拉斯设计的 Swoosh 系列：在 T 恤的领子及袖口处以蓝色及浅咖啡色饰边，下身配以色调酷似沙滩色的格子短裤，使着装人浑身充满阳光活力；同是耐克公司为阿家西所设计的反传统牛仔风格球服，不再以白色为主要颜色，而是将大块的黑、红或紫色混合在一起，给人以醒目、亮丽的感觉，令人耳目一新。

现代网球运动的商业化运作日臻完善，但运动员仍不可穿网球规则规定以外的运动服比赛，（规则规定男子比赛服为有领短袖 T 恤和短裤，但近年来在国际大赛上男选手穿圆领衫比赛者是越来越多；女子比赛服装对上衣没作明确规定，可以是无袖式、背心式等，但规定不得穿长裤参赛）。对服装上印刷广告的数量和尺寸大小也有明确的规定。

目前有许多不同款式、不同色彩的网球服可供选择。无论你的身材体形如何，都能找到合适的球衣。建议购买全棉 T 恤衫，优点是吸汗和透气；网球短裤或网球裙则选用混纺材料制成的，优点是能保持形状不用熨烫且透气性良好（见图 3-3）。

图 3-3　网球服饰的发展和演变

2. 鞋

网球鞋是网球装备中除网球拍外最重要的装备,它是网球装备中和球拍一样具有较高科技含量的用具。网球运动需做前后左右各个方向的急停、起动、变向及步伐调整,脚部的负荷特别大。一双经专业设计并精心制作球鞋,能最大限度地对你的脚提供保护。故在你所能承受的经济能力范围内,购买最好的名牌网球鞋是明智的选择。

购鞋时应注意下列几方面:

(1)最好在刚打完球后去购买,因为这时候的脚比较大,同时要穿上较厚的运动袜。试一试鞋的大小、鞋内底中心的曲度合不合适,内垫的支持力及弹性如何,能否顺应足底的曲线缓冲和吸收脚部的压力,注意两只脚都要试一下。

(2)穿着鞋子在店里走两圈,仔细感受下球鞋能否恰好包裹住你的脚,太紧或太宽松是不合适的,同时感受下球鞋透气性、鞋面舒适的程度如何。

(3)鞋底纹路适用于哪种球场地面,鞋底纹路的选择应根据不同性质的球场(草地、沙土、硬地)加以确定。草地球场应选有突出胶状纹路的鞋底;沙土场地则应选择宽波沟纹路的鞋底,而硬地球场则要选择细密人字形纹路的平滑鞋底。如果经常奔波于三种场地之间,为免更换麻烦,也可选一双综合功能鞋底的运动鞋;而有些室内球场的地面是用特殊的现代材料制成,需穿着特制鞋底纹路的球鞋。

(4)最后考虑球鞋的款式、颜色是否与你的网球服协调。

3．配件

（1）吸汗带

吸汗带是缠绕拍柄吸汗防滑的柔软材料，它可使你手感舒适，握拍牢固。吸汗带分厚型和薄型两种，选用时应根据自己手掌大小和拍柄粗细加以确定。缠绕吸汗带后的拍柄握在手中有舒适、防滑、挥拍自如的感觉。另外，吸汗带还有调节拍柄粗细的功能。如拍柄过粗，可将拍柄上原先已有的柄皮小心撕掉，然后在拍柄上缠上一层或两层吸汗带；如拍柄过细可直接在柄皮上缠上一层或两层吸汗带。

图 3-4　吸汗带

（2）拍弦

分尼龙弦、合成纤维弦和肠弦三种。肠弦用牛肠制成，价格昂贵，且对温度湿度敏感不能经久耐用；合成纤维弦是用尼龙和特种细线混合制成，性能接近肠弦而优于尼龙弦且价格适宜，为网球爱好者首选产品。网弦的纤度分 15、16、17、18、19 五种类型，数字越大弦线的纤度越细。15、16 度的弦经久耐用，特别适合打旋转球的球员；17、18、19 度的弦控球感觉好弹性好，但不经用易断裂，适合打控制球的球员。

（3）避震器

用橡胶制成并安装在拍弦上的小用具，用于减弱拍子击球后的震动，但装了避震器后不同的人有不同的感觉，有些人会感觉控球差一些，所以并不是人人都喜欢使用。

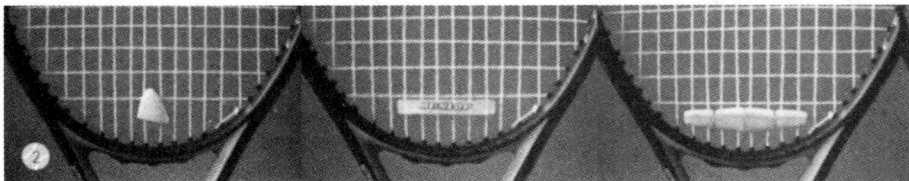

图 3-5　避震器

第二节　网球运动营养

网球运动对抗强度大，尤其在高温下运动，球员的机体代谢和生理机能都会发生较大变化。大强度运动后机体产生的热量，通过汗液的挥发来散热，而大量出汗会导致盐分和水溶性维生素的流失,同时体内能量物质大量消耗,体能随之下降,让人感到筋疲力尽。而营养是人体从外界摄取食物以维持健康所需的能量和营养物的过程。没有能源的储备,你将无法赢得冗长的比赛。

一、合理的饮食结构

要维持体能、竞技状态处于高水平的状态,依赖于人体摄取必需的营养物,由于没有一种单一食物能满足人体对营养物的需求,故合理的饮食结构是人体得到充分营养的保证。高量的糖佐以较低量的蛋白质和脂肪所形成的平衡饮食是网球选手膳食的主基调。也就是说,在一定量的比例下,吃各种食物以达到人体营养的平衡。网球选手每天膳食中必备的营养食物有六大类:

1. 碳水化合物

碳水化合物类食物是人体的主要能量源,这些食物在体内分解为糖元后,便储存为人体的能量。为长时间运动及运动后恢复消耗的体力提供动力。最适合网球选手的食物是米饭、面制品和豆类;应尽量少吃糖、甜食、含糖的饮料等容易转化成脂肪的食物。对网球运动员来说,60%～70%从食物中摄取的能量应来自碳水化合物。

2. 蛋白质

蛋白质是肌肉生长和修复、血红蛋白、激素和酶生成的物质基础。分动物蛋白质(肉类、禽类、鱼、乳制品)和植物蛋白质两种(谷类、豆类、坚果)。网球选手从食物中摄取的蛋白质能量,只要达到总能量的10%～15%就足够了。

3. 脂肪

脂肪是一种十分重要的营养物,是人体正常活动不可缺少的能源,也是许多重要成分和组织的构成基础,它有助于维持体力的平衡。不要害怕摄取一些脂肪,它可以在耐力活动中被用来提供体力。打网球时也有不少的脂肪代谢发生。但是,网球选手不论胖瘦,对高脂食物的食用应十分小心,因为过多食用脂肪意味着不能获得正确的脂肪与碳水化合物的比例,进而影响球员在场上的发挥。必须将脂肪能量的摄取量控制在25%～30%以内。肥肉、巧克力、油炸土豆片、冰激凌等高脂食品还是少吃为妙。

4. 维生素

维生素是人体完成特定功能所需的元素,尤其是维生素 E、C、B_6 可增强耐久力,有利于加强体力。但增补维生素,可能出现过量服用而产生一定的副作用。因此,补充维生素并非越多越好。蔬菜、水果、乳制品、肝脏等是维生素含量最丰富的天然食品,多吃无妨。

5. 矿物质和微量元素

人体对矿物质和微量元素的需要虽数量极少,但对于生命却至关重要,任何一种矿物质或微量元素的缺乏都会引起人体机能状态的不良变化。在各类食物和矿物盐中均含有多种矿物质和微量元素，只要饮食均衡、不挑食，就不会发生矿物质和微量元素的缺少现象。但对于少儿、青少年和中老年人群，及时补钙是十分必要的。因为少儿、青少年正处在生长发育高峰期，需大量钙质用于生长；而中老年人群随着岁月的流逝，体内的钙也需合理补充，缺钙会导致某些疾病的发生，如骨质疏松、动脉硬化、肥胖症、高血压等。在我们日常食物中，虾皮、海带、木耳、大豆、乳制品、海产品、骨头汤以及瓜子、核桃等均含有丰富的钙。

6. 水

水是生命之源，它几乎在机体每一项功能中起着重要作用。尤其对网球运动员来说，保持体内有充足的水分十分重要，它是保证球员正常发挥技战术的前提。因为网球运动强度大、运动时间长且常在室外高温下进行，体内水分的流失量很大。而相当于 1％体重的体液丧失就会影响到打球动作；3％的脱水就会导致肌肉力量减损 10％。水在人体中的重要性就不言而喻了吧！

二、何时补充水分

球员应在训练或比赛前后喝水，使体内有足够的水分被吸收，而充足的水分是肌肉在运动中充分发挥作用的保证。不能等感到口渴时才喝水，当感到口渴时，意味着你可能已经轻微脱水了。

1. 赛前

球员可提前一天开始喝水；在赛前数小时内，保持频繁少量地喝水；在赛前 2 小时应喝下 4～6 杯饮料；赛前 15～20 分钟再喝下 2～4 杯饮料。

2. 赛中

比赛期间，你每隔 15 分钟就应喝一杯饮料，天气越热、比赛时间越长，就越应该多喝水。

3. 赛后

比赛结束后，应继续喝水直至感觉舒适时止。

三、网球选手适合的饮料

1. 水

水是无热量、不含脂肪和胆固醇的天然饮料，对网球选手来说，水是最理想的补充液。

2. 运动饮料

专业的运动饮料比单纯的水更能补充人体的需要。排汗过程中，除了大量水分的挥发外，电解质也随之流失。而多数运动饮料提供较多的电解质，特别是钾和钙。有些运动饮料还以糖的形式，提供人体低浓度的含碳水化合物的等渗饮料。一种加上少量盐的低浓度碳水化合物（盐含量为 6％～8％）饮料，比水更易被人体吸收。

3．自配饮料

球员也可根据需要自己配制饮料。例如：

（1）在 1000 毫升的水中加入 1 克盐和 60 克的葡萄糖,再加入少量水果饮料调味。

（2）在 500 毫升的水中加入 1 克盐并和 500 毫升的无糖水果汁混合。

4．补充饮料的注意事项

（1）水应成为球员补水的首选饮料。当球员出汗时,水的流失比电解质的流失要多得多,虽然电解质很重要,但在一场比赛结束前它并不会产生较大的不良反应。

（2）运动饮料是训练或比赛后很好的补充液。但在一场高强度、长时间的网球赛中(往往长达 3～4 个小时),及时适量地补充一些运动饮料是必要的。在国际大赛上,常见许多优秀选手在补水的同时,不时地喝一些运动饮料或自配饮料。

（3）不喝糖分很高饮料,很甜的饮料不利于人体吸收。

（4）咖啡、可乐和茶含有咖啡因,属于利尿剂,会加速水分的损失,甚至会引起轻微脱水。

（5）不能喝酒精饮料和带气的饮料。

（6）饮料温度可根据四季不同的气温加以调整,但喝起来应是凉的。

四、比赛期间的饮食

1．赛前

由于网球比赛持续的时间可能很长,因此从赛前几天开始,球员就应逐渐增加碳水化合物的摄入量,以储存充足的能量;比赛前一晚,球员应吃碳水化合物为主的食物,如米饭、面条、面包、土豆以及蔬菜和水果,应尽量避免食用含脂量高的食物。

2．比赛当天

赛前用餐最好在比赛开始前 2～3 小时,这样食物可以被消化并转化为糖原储存在体内。如果是上午第一场比赛,你应该吃一顿量少而富有碳水化合物的早餐,如面食、面包、果酱、低脂牛奶等;如果是中午或下午第一场比赛,球员首先应了解场上比赛的进程,然后根据估计的时间表,确定用餐时间。在吃早餐的基础上,你可以提前吃午餐或吃些小点心。请注意,赛前不宜食用富含蛋白质的、需花很长时间才能消化的肉类,否则极可能影响球员的发挥。

3．赛中

在一场持续几小时的鏖战中,除了补充水分和电解质外,及时给身体补充热量也是十分必要的。香蕉是公认的理想食品,香蕉富含热量,容易消化,能快速补充身体消耗的热量,且食用方便、口感好。

4．两场比赛之间

球员在打完一场比赛后,应食用一些高能小吃和运动饮料以补充热量,为下一场比赛做好准备。高能小吃包括:香蕉、苹果、梨等新鲜水果;杏、葡萄干等干果;饼干、面包、蛋糕等面点。

5．赛后

比赛后球员应继续喝水,尽快补充身体流失的水分。赛后马上用餐是不科学的,球员可在 1～1.5 小时后进餐,食用高碳水化合物含量的食物,以便有效地恢复已消耗的糖原。

五、护肤

生命离不开阳光,适宜的光照能对人体产生良好的影响,但同时它又是危险之物。长时间光照下的皮肤很容易受到严重的损伤,它灼伤你的皮肤、使皮肤起皱纹、出现晒斑,甚至引发皮肤癌。因此,作为一项户外运动的参与者,尤其在夏季强烈的阳光下打球,必须切实做好皮肤的防护。

(1) 将网球活动的时间安排在早上或晚上,避开上午 10 时至下午 3 时之间的强光照射。

(2) 外出打球前 20 分钟,在脸上、脖子、手臂等皮肤裸露部分抹上厚厚一层防晒系数很高的防晒霜,且在需要时随时再抹上一层。

(3) 戴上帽子和太阳镜。

(4) 穿防晒面料制作的运动服。

(5) 运动过后,做些适当的皮肤护理。

(6) 经常补充多维维生素、含有抗衰老成分的修复素等,达到以内养外的功效。

第三节　网球礼仪

网球运动风靡全球,它既可激烈对抗,又可优雅舒展;既体现人的力量和速度,又展示人的协调性和灵敏性。同时,运动员温文尔雅、优美潇洒的动作给人以美的享受。网球虽早已从"贵族运动"走向"平民化",却秉承了自身悠久的历史文化沉积。被看成是绅士运动的网球,始终要求人们在球场上必须举止文雅。粗俗的举止不仅被人耻笑,而且还要受到惩罚。在职业网球赛中,对运动员的行为规范作了明确的规定,如胡乱击球、摔拍子、出言不逊、延误比赛等都会受到处罚,严重时将被取消比赛资格。而对喜欢打网球的人来说,同样也要遵循这项运动所要求的行为举止。

"尊重网球场上的一切人与物",这是打网球者最起码的行为准则,它包括尊重对方、观众、工作人员、服务人员,包括尊重球网、网柱、球拍、球,等等。运动员品行的优劣是烘托球场气氛的一个因素,也是运动员个人形象的一个重要组成部分。

一、球场行为准则

遵守下列不成文规定,可使您尽快地融入网球场独有的氛围中。

（1）"尊重网球场上的一切人与物",这是打网球者起码的行为准则,包括尊重对手、观众、球场服务人员,也包括尊重球网、球拍等一切硬件设施。

（2）注意着装要求,一般来说不能穿着便装,男士穿着背心打网球是不合适的,也不允许穿硬底鞋、皮鞋、钉鞋等有损球场表面的鞋。球员应穿整洁得体的运动装,当然网球白是网球服装永恒的主色调。

（3）即使是一场友谊赛或练球也应准时到达球场。

（4）当球进入邻场而邻场的球员正在对打之中,此时若贸然入场捡球是非常不礼貌和不安全的事,可稍等一下待其成"死球"后再快步入场捡球或请其帮忙捡球。当然,当别人帮你捡球时可别忘了说"谢谢"。

（5）绝不要从球网上面一跨而过或将身体压在网上去捡对面场地上的球,否则网绳很容易因经不住压力而断掉。

（6）当球场上有球员正在进行比赛时,要尽量避免在球员视线范围内随意走动,否则不仅不礼貌而且还会被认为是"意外阻碍"而影响比赛的正常进行。如需要穿越球场,必须等球成"死球"后,再从场边快步通过。

（7）当对手击出一记好球时,懊恼之余仍应为对方的精彩击球积极叫好;练球时若自己击球失误,应主动向对方说声"对不起",细心的朋友会发现"谢谢"和"对不起"是网球场上使用频率最高的两个词。

（8）在比赛开始前的赛前准备活动中,应为对手的练习提供方便,也就是说陪对手打来回球,而不是练你的超身球,任何有意妨碍对手练习的做法都是有失风度的。

（9）当不能确定对手的击球是否出界时,应把它当成界内球处理。

（10）发球时应按合理的节奏进行,观察一下对手是否做好了接球的准备,不要连看都不看一眼就匆忙发球。如果在练球时这样做,会被认为是对对方的不尊重,也极有可能导致"误击事件"的发生;如果在正式比赛中要被判发球无效并重新发球。

（11）裁判员与球员之间有时会因界内外之球发生分歧,这时球员应尽量保持冷静。在沙地球场如有球印可向裁判指出,在硬地球场则应服从裁判员的判断,当然在有"鹰眼"系统的球场上比赛,可以根据比赛规程的规定挑战"鹰眼"。

（12）比赛结束后,不论胜负如何,都要和你的对手真诚地握手以示敬意。

二、观赏网球比赛

网球赛事精彩纷呈,跌宕起伏、扣人心弦。它为所有观赏者提供了同样的旋律或图景,为观赏者各自不同的审美观和欣赏能力,而变幻出不同的韵味和内涵。网球运动的美丰富多彩,观赏者可根据自身需求,细心体会,精心挖掘,从而使心灵得到陶冶,精神和感官得到享受。

(1)如何提高、观赏网球赛事的水平

从下列方面着手,观赏水平将得到很快的提升,达到内行看"门道"的水准。

① 了解网球赛事的概况、主要规则、裁判法和基本技、战术。

② 了解运动员的习惯打法。如底线型运动员基本上留在底线抽球,极少上网,依据良好的持续击球能力,利用快速有力的上旋抽球接出落点深、角度刁钻的球,迫使对手处于被动状态;当出现中场斜球时,也能抓住时机上网进攻。上网型运动员则利用一切机会上网截击,采用发球上网和随球上网,有时是接发球上网,占据网前有利位置,在空中截击来球,利用速度和角度造成对手还击困难。综合型选手综合运用底线和上网两种打法。比赛中根据对手情况采用不同打法,或上网截击,或底线对攻,随机应变,具有较大的主动性。

③ 了解运动员的技术风格和"绝招"球。目前,活跃在世界网坛的各路高手,均有其各具特色的技术风格和"绝招"球。格拉夫强劲的正手侧身攻,辛吉斯精妙的落点球,桑普拉斯无懈可击的各项技术,张德培豹子般的跑动救球,阿加西的强力正反拍抽击球等等,这些"绝招"球是高手们借以取胜的法宝,也是观众们极佳的看点。

④ 在欣赏运动员外显化优美技、战术形式的同时,要善于挖掘比赛中运动员所表现出来的顽强拼搏、永不言败的精神状态,使自己得到启迪。

(2)观赏网球比赛还须遵守其不成文的惯例

①观看比赛时,应关掉手机等通信工具。

②当球处于"活球"的时候,观众须保持安静,不要随意交谈、吃东西、喝彩、鼓掌,更不得大声喧哗,否则不仅不礼貌,甚至会影响比赛的顺利进行。

③当决出一分胜负后,观众才能给予掌声鼓励。

④比赛期间,只有当运动员交换场区局间休息或盘间休息时,方能在短暂的时间内,进行走动或离场。

⑤比赛过程中是禁止使用闪光灯进行拍照的,以免干扰运动员的击球。

⑥观众应尊重双方球员,给球员以平等的支持和鼓励,不对某方球员喝倒彩,要对双方球员的精彩击球报以掌声鼓励。

思考题

1. 网球运动礼仪包括那些方面?

2. 网球比赛期间最适宜的饮食是什么?

3. 如何在网球比赛期间补充水分?

4. 选购网球拍应考虑的因素有哪些?

第四章　网球运动的安全防护

◎本章导读..

　　本章阐述了参加网球运动的安全性问题。从身体保护、疲劳恢复、运动损伤的预防与治疗等方面,介绍了参与网球运动必须要注意的事项。只有提高思想认识和预防意识,并采取切实有效的措施,才能避免或是最大限度地降低运动损伤或运动性疾痛的发生。大量事例表明,人为因素是发生伤害事故的根本原因。努力消除各种致伤因素,才能充分享受参与网球运动的乐趣,获得最佳的健身效果。

第一节　网球运动的准备与热身运动

(一) 日常锻炼

　　在开展日常锻炼之前,必须对自己的身体素质状况进行正确的评估,并制定日常锻炼的方案,选择适当的锻炼方式、方法,锻炼计划要依身体状况而定,不可安排得过于紧张。要针对自己打网球时所需要提高的肌肉力量、耐力、速度和灵活性等方面来制定日常锻炼计划。

　　锻炼大致可分为耐力性、力量性和伸展性三类。耐力性锻炼包括长跑、跳绳,上下楼梯等。针对网球的力量性锻炼则是围绕腹部、背部、大、小腿和手臂肌群来进行,要坚持每天锻炼,以增强肌肉力量,且保证放松肌肉以避免受伤和保持灵活性。伸展性锻炼包括柔韧练习、太极拳、健身迪斯科及各类徒手体操等。

　　1. 越野跑、登山、跑楼梯

　　经常进行跑步、登山和跑楼梯锻炼,能够促进人体的新陈代谢,协调神经系统与运动器官之间的联系,提高心血管系统、呼吸系统及其他内脏器官的技能,能促进发展力量、速度、耐力、灵巧、协调等身体素质,从而保持和提高人们在网球活动中的适应能力。只是要注意到打网球和一般跑步的不同之处,是在不断变化着运动方向,而并非只是向前跑,有时向斜前方冲刺,有时向后退,有时跳跃,得有反应灵敏的判断,才能奏效。

　　2. 球类运动

　　参与篮球、足球活动对网球运动是一个极大的补充。它有助于提高练习者手眼的协调,反应的敏捷以及急停急起的能力。尤其有助于练习者的视野锻炼,提高集中注视球的能力以及观察全场的能力。

3. 游泳

游泳是一种完美的锻炼方式,它对练习者的心血管系统的改善有相当重要的作用。同时对人体骨骼和关节不造成任何压力,能增强全身的力量。打完网球后游泳最为理想,排热、解乏、镇静神经、舒展四肢的愿望都能在游泳过程中得到满足。

4. 在健身房或寝室里锻炼

在健身房或寝室里可进行俯卧撑、仰卧起坐、侧卧举腿等练习,也可利用器械进行一些力量练习,如使用哑铃练习手臂力量,用杠铃练习下肢力量,手拿一本厚厚字典做挥拍击球的动作等等,但应注意,练习时必须要遵守循序渐进的原则,逐渐增加器械的重量和练习的次数。

进行日常锻炼时应掌握好的原则是,运动时间的长短应根据运动强度的大小而加以调整,运动量较大时,运动时间相应短些;反之运动时间应长些。作较大强度的运动时,合适的运动时间一般为 10~15 分钟;作中等强度运动时,其运动时间一般需要 20~30 分钟,这样才能获得理想的锻炼效果。通常,通过准备活动给予肌肉、呼吸、循环系统有效刺激所需的时间大约为 5 分钟,维持这些生理功能活动亦需要一定的时间,再加上整理活动的时间。因此,少于 5 分钟的运动,是难以达到健身目的的,练习者实际锻炼所需的时间应根据个体和气候情况加以确定,一般在 15 分钟以上为宜。

(二) 热身运动

要想安全而富成效地参与网球锻炼,除掌握正确合理的技术动作并遵守此项运动的有关规则外,认真进行热身活动是关键。打网球时身体被动员的部位比较多,动员的肌肉面积比较大,击球时有很多技术动作都强调爆发力、强调对抗,但由于有捡球等环节的参与,球员(特别是初学者或业余球员)有比较充分的间隙时间进行休息,所以相对来说打网球只能属中等强度的运动。可尽管如此,参与者也仍然很有必要认真对待热身这个环节,保证身体在适宜的状态下进行运动,并在平和舒展的状态下进入对抗。

(1)经常参加体育锻炼的人一般都有做准备活动的经验,慢跑、游戏、简易体操、各部位的绕环和伸展等等,其目的在于加快血液循环、提高机体的兴奋性、降低关节腔内液体的黏滞性,从而较好地进入运动状态。此外,做一些针对网球运动而设计的准备动作尤为重要。

(2)打网球时经常需要转动头部,特别是在发球及打高压球动作中,头部更要大幅度后仰才能看清球。所以事先做好充分的头部绕环及前后左右各个方向的低头、抬头、侧头动作,可以防止颈部肌肉拉伤或扭伤。

(3)挥拍击球时肩部的压力是很大的,把肩部附近的肌肉、韧带做充分的伸展和牵引可以提高肩关节的灵活性及周围肌肉、韧带的弹性,对预防肩部的损伤能起到积极的作用。两肘关节可尽力后展,特别是在练习发球之前更该做此动作。另外还可做各种形式的肩部绕环动作。

(4)腰部是发力的枢纽,也是疲劳容易堆积的地方。练球前通过各种绕环动作及大幅度的身体前屈、后仰、左右侧屈动作不仅可以使腰部得到充分"启动",更可以使背部及身体侧部的大面积肌肉得到伸展,从而提高动作弹性。尽量大幅度地模仿发球时的背弓动作,可以有效地"唤醒"腰部从而投入到有效的练习当中。

(5)大腿的前后部肌肉是容易拉伤的地方,所以练球之前做拉伸练习是必不可少的步骤,各种形式的压腿、踏腿动作都可起到拉伸大腿前后部肌肉的作用。拉伸大腿时唯一要注意的事是"不能骤然用力",应在腿部肌肉能够承受的范围内,做用力柔和的动作,否则易造成人为拉伤。

(6)脚步移动过程中,因重心大部分都是落在前脚掌上,所以小腿吃力很重。扶柱进行的拉伸动作中,要感觉小腿肌肉被拉伸到酸疼的程度。

(7)拉臂动作是典型的网球热身动作,要领在于手臂伸直用另一只手压在伸直手的小臂上,用力将伸直手臂往胸前按压,感觉直臂一侧的上臂肌肉被拉伸才是做到了位,两臂交替进行。

第二节　正确认识疲劳

一、识别疲劳

运动时人体疲劳的产生是一种综合的生理过程。轻度的疲劳经过短暂的休息即能恢复,重度或是过度疲劳时就要引起重视了,识别清疲劳程度,并在受伤之前及时退出练习,对于网球爱好者来说是非常必要的。过度疲劳的症状主要有以下几个方面:

(1)感觉方面:如全身疲倦、头重、嗜睡、无力等。

(2)精神方面:如精神不集中、焦躁不安、没有耐心、情绪低落、经常判断错误。

(3)全身方面:面色苍白、眩晕、肌肉抽搐、呼吸困难、口舌干燥、声音嘶哑、腰酸腿痛等。

当机体出现这些疲劳症状时,要及时休息,并对运动内容进行必要的调整,才有利于疲劳的恢复。

二、消除疲劳

(一)运动结束即时进行的放松方法

(1)网球运动后进行放松慢跑可使心血管系统、呼吸系统的活动继续保持在一个较高的水平上,有利于偿还运动时所欠的"氧债",也可避免由于局部循环障碍而影响代谢过程。

(2)让肌肉得到充分的伸展是消除疲劳最有效、最简便的方法之一,只是不能做得太剧烈,骤然的拉伸会适得其反。每次打完球后花 10 分钟或更多一点的时间对上下肢的肌肉进行拉伸,对缓解肌肉的紧张状况,消除疲劳将产生事半功倍的积极作用。

(二)运动结束后进行的放松方法

(1)静止性休息:睡眠是消除疲劳最有效的静止性休息方法,使身体各器官系统得到休息。

(2)积极性休息:是以"转换活动"的方式来消除疲劳。如上肢活动后可改为下肢活动等,另外还可以用球拍敲打肩、臂、大腿、小腿部的肌肉,效果也很好,因为后一种活动产生的兴奋可以抑制前一种活动所引起兴奋的细胞得到休息。

(3)按摩:按摩是消除疲劳的重要手段之一。按摩能改善全身血液循环,促进代谢产物的清除,促进肌肉放松,消除肌肉酸痛和恢复体力。

(4)物理恢复法:温水浴、局部热敷、吸氧等,可以促进全身血液循环,加强新陈代谢,放松肌肉,加速疲劳的消除。

第三节　网球运动常见损伤的预防与治疗

一、水泡

皮肤下面长出的瘀水水泡,是因湿气、压力和摩擦力所造成的。

1. 原因

常出现在网球初学者的手上或是脚上。初学者会出现握拍过紧或握拍太松造成每次击球后拍柄在手中转动摩擦手掌长出水泡,也可能因为鞋子大小不合适而让脚磨出水泡。

2. 预防与治疗

(1)明确握拍方法,调整握拍的松紧度。

(2)在握柄上缠上吸汗带,防止滑动。

(3)挑选合适的鞋子,过大过小的鞋子都是不合适的。

(4)如水泡破了,搽上消炎药水即可,一般可自行愈合。

二、网球肘

"网球肘"学名为"肱骨外上踝炎",因多见于网球运动员而得名。经常反复伸屈腕关节,尤其是用力伸腕而又同时需要前臂旋前、旋后的动作非常容易引起这种损伤,在网球运动中,用"下旋"、"反手"回击急球时,由于固定拍型的需要,腕、肘(前臂)部肌肉必须高度紧张(特别在击球瞬间)才能与来球的强大力量相对抗,经常如此,使得腕、肘部肌腱纤维受到反复牵扯而发生损伤,继而在损伤部位出现无菌性炎症引起疼痛。其症状,初期只感到肘关节外侧酸胀和轻微疼痛,或仅在用力伸腕与前臂用力旋前、旋后时出现局部疼痛;病情发展时,肱骨外上踝部发生持续性疼痛,疼痛可向前臂外侧放散,患侧手的力量减小,持物不牢,揣提重物、拧毛巾、反手击球时,肘外侧疼痛尤为显著。

1. 引起"网球肘"的原因

（1）技术动作不够合理,多是反手击球动作不正确,如直臂击球,发力时腕、肘部的翻转过大。

（2）球拍过重,增加了肘部肌肉群的负荷。

（3）没有合理运用身体的力量击球,仅靠手臂的力量击球。

（4）运动时间过长,超负荷练习,使局部肌肉负荷太大。

2. 预防

（1）正确掌握反手击球技术,及时纠正错误动作,尤其要纠正直臂击球的动作,让大臂和小臂无论在后摆还是前挥的时候都保持一个相对固定且具弹性的角度。

（2）做好充分的肘部准备活动及运动后的放松。

（3）加强腕、臂部力量的训练。

3. 治疗

（1）早期症状轻微时,应减少打网球的活动量,打球后马上进行冰敷。

（2）打球时在肘部缠绕弹性绷带、肌肉贴布等加强对肘部的保护。

（3）网球肘急性期,应中止练习,待完全康复再进行运动。

（4）可通过按摩、理疗进行治疗;疼痛加重后可采用中药、针灸疗法。

（5）选择轻一些的球拍、穿弦时减小磅数可以帮助击球者吸收振动之力。

三、腕部损伤

1. 引起腕部损伤的原因

（1）击球时手腕经常扭转。

（2）发球或高压球时扣腕过猛。

（3）使用的球拍过重等。

2. 预防及治疗

（1）改进不正确的网球技术动作,是预防手腕损伤的根本出路。

（2）打球时在手腕处缠上4～5厘米宽的支持带,对腕部进行保护并在一定范围内限制手腕活动的幅度。

（3）改用合适的球拍。

（4）加强前臂、手腕力量的提高。

四、膝关节疼痛

1. 引起膝关节疼的原因

膝关节韧带紧张过度、先天膝关节脆弱、练习球场的地面坚硬、运动量过大等引起疼痛。

2. 预防

（1）做足准备活动、加强膝关节力量练习，首推"站桩"练习。

（2）选择合适的鞋子。

（3）戴护膝、缠绷带、肌肉贴布等对膝关节进行保护和支持。

（4）尽量避免在硬地球场上打球。

3. 治疗

（1）严重的膝关节损伤有髌骨骨折、半月板损伤，以及内、外侧韧带的撕裂。一旦出现症状明显的膝关节损伤，需第一时间去医院就诊。

（2）一般性膝关节疼痛，运动后可马上采用冷敷的方法。

（3）进行热敷、按摩，使用消炎软膏、超声波治疗等。

五、肌肉痉挛

痉挛部位的肌肉突然伴有疼痛和无法控制的僵直，俗称"抽筋"。

1. 引起肌肉痉挛的原因

（1）体力不支。

（2）天气太冷或是天气太热引起肌肉痉挛。

（3）心理紧张过度。

2. 预防

（1）打球前做好充分的准备活动，尤其在天冷的时候，注意保暖；天热时，注意及时补充带有盐分的饮料。

（2）控制好打球时间，避免在过冷、过热天气情况下长时间运动。

3. 治疗

（1）发生肌肉痉挛时，紧急拉伸痉挛的肌肉，按痉挛肌肉的反方向牵引肌肉，操作时用力要均衡并在牵引到一定位置时，保持牵引状态一些时间。

（2）对痉挛的肌肉进行柔和的按摩。

（3）洗热水澡、热敷。

六、网球运动常见损伤治疗的医学原则

1. 冷敷

（1）冷敷的机理

就是利用比人体温度低的冷水、冰块等刺激患处进行初期治疗，有止血、退热、镇痛、麻醉和消肿的作用。冷冻疗法适用于急性闭合性软组织损伤，如挫

伤、关节韧带扭伤、早期肌肉拉伤等,通过这种方法可以使血管收缩,减轻局部充血,抑制感觉神经,缓解症状。

（2）冷敷的方法

将毛巾浸透冷水后放在伤部,两分钟左右换一次;或者将冰块装入塑料袋内进行外敷;或是将受伤部位直接浸入盛满冰块的容器中。持续 15～20 分钟,每隔一个半小时到两个小时时间做一次,可反复多次进行。

（3）治疗时机

受伤后即时进行效果最佳,整个急性期(24～48 小时)都可采用冷敷进行治疗。

2. 热敷

（1）热敷的机理

通过热疗,促使局部血管扩张,改善血液和淋巴循环,促进淤血和渗出液的吸收,具有消肿、散淤、解疼、镇痛、减少粘连和促进损伤愈合的作用。

（2）热敷的方法

常用方法是将毛巾浸透热水或是热水袋等放于伤部,每次敷 30 分钟左右。

（3）治疗时机

热敷法适用于急性闭合性软组织损伤的中期、后期和慢性损伤的治疗。急性损伤 48 小时后可运用热敷法。

3. 中西医结合治疗

冷敷和热敷能够较好地对付早期运动损伤,但对于一些存旧伤,就需要通过中西医结合治疗,才能很好地祛除病根。这些方法包括中医药物疗法、推拿和西医手术治疗。当然,这些治疗需要去医院找医生就诊。

第四节　肌内效贴布的使用

一、肌内效贴布

肌内效贴布是为治疗、缓解关节和肌肉疼痛而开发的贴布。运动员使用肌内效贴布,旧伤以及先前累积的肌肉疼痛可以好转,在损伤未痊愈却得继续进行练习的情况下,可以最大限度地避免原有损伤的进一步加剧。

肌内效贴布设计原理在于"让皮肤和肌肉有效工作",从而促进淋巴循环和血液循环,进而提升人体自身的自愈能力。为达此目的,在设计上一定要让肌肉在粘贴后仍能保持正常的活动度才能让皮肤和肌肉"工作"。

肌内效贴布是由日本医师 Kenzo Kasa 创始于 1973 年,在日本普及了 30 多年,20 世纪 90 年代开始在中国台湾及欧美等地流行,近些年随着世界级运动健将频繁使用让我们开始熟悉并使用。

肌内效贴布具有伸缩性,它的效用主要是利用贴布的黏弹性质与力学方向,配合肌动学及生物力学的原理,针对特定的肌肉给予强化或放松治疗。

图 4-1　肌内效贴布

图 4-2　肌内效贴布的运用

二、肌内效贴布的主要功能

(1) 止痛

(2) 放松肌肉

(3) 增加肌肉力量

(4) 改善血液循环

(5) 减少水肿

三、肌内效贴布的常规形状

常用的剪裁图形一般为五种,分别为:Ⅰ型,Y型,X型,O型,以及分散型(爪型),在分散型中间又分一头分散及中间分散二种。下面就这五种常用图形的作用及使用方法进行说明:

1. Ⅰ型

也叫直条型,根据着力方向的不同,分别可以达到放松肌肉以及使肌肉收缩的作用。拉开方式与粘贴方式的结果分别为:

(1) 单头先拉开贴合,均匀拉开其他部位并按顺序边拉边贴合皮肤,可以放松贴合位肌肉。皮肤呈均匀收缩状态,可以放松紧绷的肌肉,并使皮下筋膜呈一个方向流动。

(2) 中间点先贴合,两头拉开,并在拉开状态下贴在皮肤上,可以使两头皮肤向中间收拢,达到向一点集聚作用,可以通过周围肌肉加强对受伤部位的支撑。

（3）两头先拉开，在完全拉开状态下，两端先贴合于平整的皮肤表面，再将余下按顺序贴在皮肤上，可以使这一片所覆盖皮肤均匀产生皱褶，令肌肉均匀放松，不产生向单个点方向产生的拉力或流动力，此种方式，当Ⅰ型呈包裹状时，还具有固定疼痛点并起到按摩的作用。

2．Y型

也叫一端分叉型，可以达到对肌肉群的包裹，根据受力点的不同，还可以达到牵引支撑、单向收缩，提升表面皮肤、放松肌肉的作用。下面分别加以说明：

（1）连接点先粘贴，分叉点拉开并以环状包裹肌肉群，可以达到对肌群包裹固定的作用，中心点向内收缩。

（2）连接点先固定，两条分叉，均匀地边拉边开贴合皮肤，可以使皮肤形成向交接点流动的皱褶，达到放松肌肉并向一个方向导引作用。

（3）交接点先贴合，整体拉开分叉条，并平贴于皮肤表面，可以使交接点皮肤形成提升，打开皮下空间，皮肤单向收缩。

（4）分叉点先贴合，弧形或直形拉开中间并后贴交接点，可对肌肉形成支撑，并诱发交接点更大片肌肉向上收缩，同时根据用力的方式不同，可以形成反作用力，形成两路向分叉中心点的力，形成三角受力地带，三角地带的肌肉能得到有力的支撑。

3．X型

也叫交叉型，主要作用为增加贴合位的血液或组织液流通，同时对痛点进行皮肤位置提升，主要有以下几种贴法：

（1）中心点贴于痛位，四条分叉向四个方向拉伸贴合，形成向中间痛点的收缩皮肤作用，相当于对痛点的按摩，同时也可以达到对痛点肌肉的四个方向支撑。

（2）四角先行拉开，直接贴于皮肤表面，中间点固定于痛点或需要处理点，形成向中间的皮肤收紧皱褶，这样可以达到增进皮下组织血液流通的作用。

4．O 型

也叫中间开条形，主要是固定受伤部位，按摩及对将处理部位形成稳定的形态。

（1）先纵向拉开，两端先固定，中间分叉的两条分别向两个侧面拉开贴合，形成向中间的压迫力，但导引方向向两端，如同按摩，同时对圈定的范围加以固定形态。

（2）两条分叉先贴合，然后将两端向两边拉伸贴合皮肤表面，形成两侧向内的收缩力，同时两端也有向两条先行固定的力点聚集的力量，先行贴合点的表层皮肤得到提升与皱褶走向。

5．分散型

也叫爪形，一般用于处理淤胀、肿块及导流，以及皮下筋膜的重新排列。

（1）导流为主，以固定点为导流最终走向点，由于固定点位于一端，另一端有更大的贴合面积，从而形成穴池效应。

（2）理顺筋膜，分散点先拉伸贴合，连接点后贴，形成向分散点的力量方向，由一点向四周扩散。

四、肌内效贴布的拉力

1. 自然拉力

图 4-3　肌内效贴布的自然拉力

（1）有促进淋巴循环及引流的效果。

（2）贴扎在肌肉上时，根据贴扎的方向不同，对肌肉可分别有促进或放松的效果。

（3）具有引导筋膜流向的作用，能诱发正确姿势及带动肢体动作。

2. 中度拉力

图 4-4　肌内效贴布的中度拉力

（1）对改变筋膜分布的相对位置或固定局部软组织有较佳的效果。

（2）支持及保护软组织，特别是延展性与收缩能力极小的肌腱或韧带组织。

3. 极大拉力

图 4-5　肌内效贴布的极大拉力

　　贴布所提供的机械力有接近白贴的作用,可用于固定、矫正关节位置或限制关节活动范围。

五、肌内效贴布的使用范围

　　网球肘、肩周炎、腰肌劳损、急性腰扭伤、腰椎间盘突出、骨膜炎、半月板损伤、足跟肿痛、肌腱炎、腱鞘炎、筋骨疼痛、软组织损伤、退行性骨性关节炎、骨质增生、落枕等。

六、肌内效贴布的注意事项

　　(1)先做功能性检测,找出受伤部位。

　　(2)剪取适当长度及形状。

　　(3)贴布剪裁的刀法要利落。

　　(4)贴扎部位的皮肤干燥干净。

　　(5)皮肤上汗毛太多时,应除去后再贴。

　　(6)贴布的胶面避免接触水分与其他物质,贴扎时注意手指不要直接接触胶面。

　　(7)找到正确部位,将固定点贴上,以局部肌肉伸展姿势将贴布平顺贴在皮肤上覆盖住相应功能肌肉。

　　(8)贴布时的拉力根据需要采用自然拉力、中度拉力和极大拉力。

　　(9)撕除贴布时,顺着汗毛方向,一手拉贴布,同时一手轻压皮肤,由上而下撕去。

　　(10)贴布不用每天更换,湿后用风筒或用干毛巾吸水即可。

　　(11)有开放性伤口处,不可使用。

六、肌内效贴布的实用示范

1. 改善血液循环、减少水肿贴法

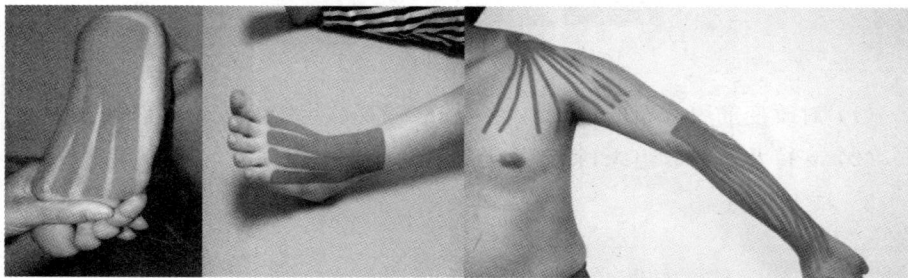

图 4-6　肌内效贴布改善血液循环、减少水肿的贴法

2. 放松肌肉贴法

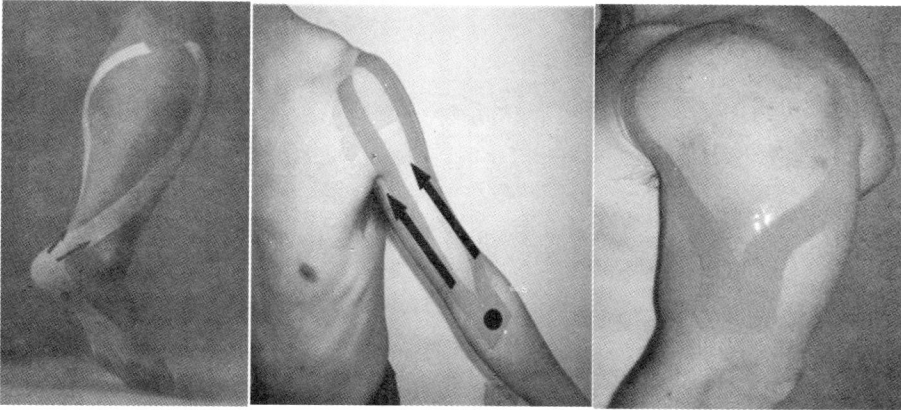

图 4-7　肌内效贴布放松肌肉贴法

3. 增加肌肉力量贴法

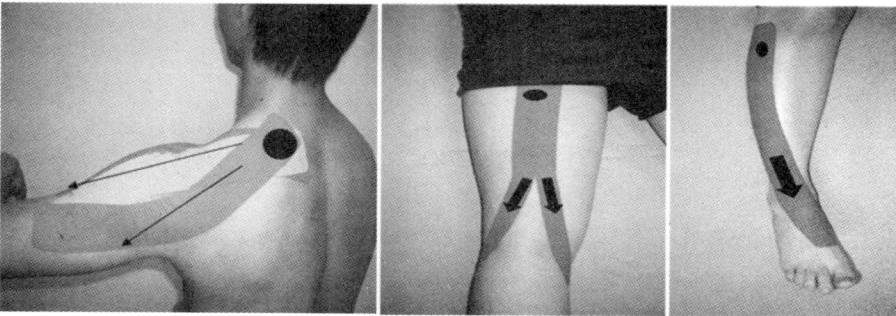

图 4-8　肌内效贴布增加肌肉力量贴法

4. 止痛贴法

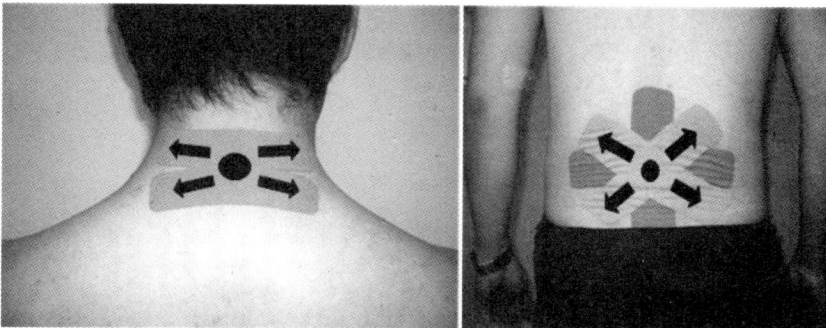

图 4-9　肌内效贴布止痛贴法

5. 网球肘贴法

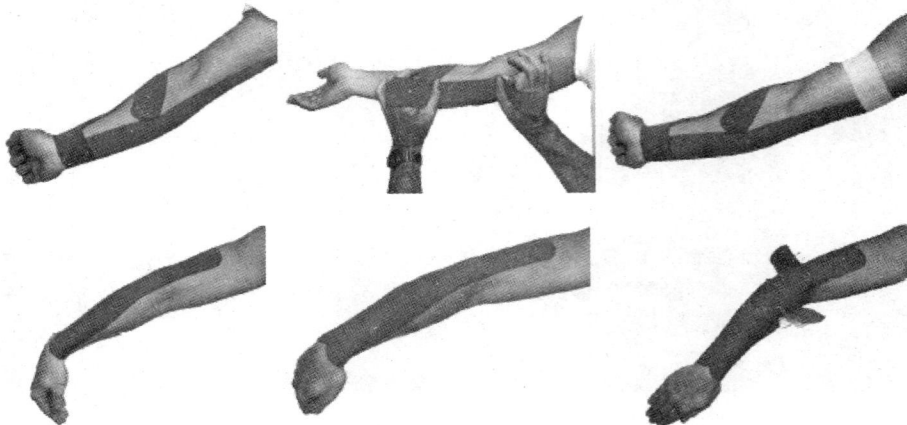

图 4-10　肌内效贴布网球肘贴法

6. 膝关节疼痛贴法

图 4-11　著名网球运动员李娜使用的肌内效贴布

思考题

1. 判断疲劳的简易方法和消除疲劳的常用措施有哪些？

2. 网球运动常见损伤的紧急处理方法有哪些？

3. 参加网球活动前如何进行热身？

4. 肌内效贴布不同拉力的效用有哪些？

技能篇

JINENG PIAN

第五章　大学网球初级水平教学内容

◎**本章导读** ···

　　本章详细讲解了网球初级水平基本技术、战术基础、网球运动专项素质基础和基本技术练习方法及大学网球初级水平考试内容与评价方法等内容。教材针对初级水平的特点,介绍了常见技术错误及纠正办法,告诉你学会网球最简单的方法,为你打下提升网球技战术水平的基础。

第一节　初级水平基本技术

一、球性特征与脚步移动

(一)球性特征

　　打球要有球感,想要打好网球先要有良好的球感。网球球感主要包括球性感、球拍感和手感三个部分。网球的球性,主要体现在对球的弹性、旋转、方向、距离等的预判能力上,直接影响击球者的取位、球拍与球接触的准确性。因此,对于从未接触过网球或刚入门的初学者来说,可以从熟悉球性开始。

　　为了初学者能更好、更快地熟悉球性,我们先来了解网球的性能,这对提高网球技术水平非常有益。

　　1. 动态球的力学分析

　　一般情况下,标准球的质心在网球的中心,因此,被平击的球的作用力线通过网球的质心,打出去的球不会产生旋转。但实际上打出的球是不可能绝对平击的,球或多或少地会有一定的旋转,而现代高水平网球运动员都击打旋转球。下面我们着重分析旋转球在飞行过程中的受力状况。

　　绕轴旋转着的圆柱体在做横向运动时,将承受流体给予的与运动方向相垂直的力。这种现象,我们称它为马格努斯效应(由德国物理学家古斯塔夫·马格努斯提出)。网球的运动轨迹往往偏离其方向,这是由于球体不仅受到自身重力、空气阻力,而且还受到因为旋转而产生的马格努斯力的作用(如图 5-1 所示)。

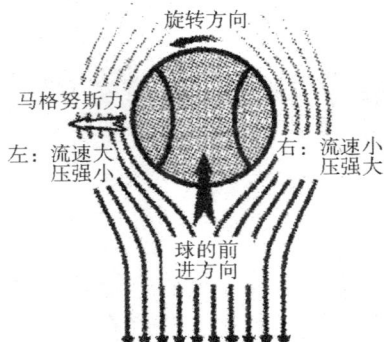

图 5-1　球飞行的马格努斯效应

我们拿切削发球为例(右手持拍),发出的球受到三个力:

(1)重力,在地心引力作用下产生,它让球能够落地,而不是一直向前飞。

(2)空气阻力,它与球的前进方向相反。

(3)马格努斯力,击球点偏离了网球的重心,使其产生旋转而产生的力。

飞行的网球绕着与空气阻力垂直的轴旋转,此时,运动方向与空气阻力方向相同的网球的左侧,空气流速快,空气压强小;而球的右侧,与空气阻力的方向相反,空气流速慢,空气压强大,正好与网球的左侧相反,使左右两侧形成压差。网球受到了两侧不平衡的作用力,其运动轨迹发生向左偏移,而不是最初的运动方向。

2. 动态网球的旋转种类

(1)平击球

击球的力量仅仅是一个单一地正对着来球的力量,即只有主击球力 P_1,这样击出的球属平击球。

如图 5-2 所示,球拍以角速度 ω 正对来球挥拍。则在击球的瞬时将对球产生正向打击力 P_1,该正向打击力是主击球力。高压球(Smash)、高空截击(High Volley)、平击发球(Flat Serve)基本上只存在主击球力,故都可视为平击球。这类由于是正向击球,球与拍面碰撞接触的区域很小,可视为一个点,其接触的时间也很短,只有千分之几秒。

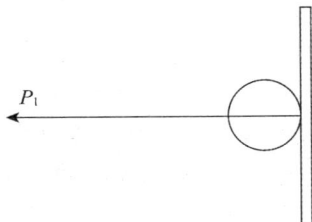

图 5-2　平击球

（2）上旋球

上旋球如图5-3，击球的瞬间除了对球施加一个正向主击球力 P_1 外，还给球拍附加一个垂直于正向向上的运动，使拍弦咬住网球从球的后侧对球进行搓旋，从而使球获得一个附加向上的旋转力 T。在此 T 力的作用下，球获得的相应的转速 n 绕其球心轴线旋转。故在球的首飞过程中球做向上的旋转运动。如果附加的旋转力 T 大，则球的旋转速度也越大。

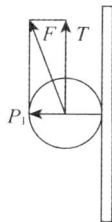

图 5-3　上旋球

由于击球瞬间对球附加了一个旋转力 T，也就是对球施加了摩擦力，对球进行搓旋作用，因此，球在球拍的弦床平面上停留的时间远比平击球的时间长，其与拍面的接触不是一个固定的点，而是一条移动的线段。

在网球运动中用得最多的是正手提拉球的方法，就是从球的后下方向前击球时，再附加上一个向上提拉的动作从而获得上旋。

（3）下旋球

下旋球形成的基本原理与上旋球是一致的，只不过所附加的正向主击球力 P_1 上的附加旋转力 T 的方向是向下的，如图5-4所示：

下旋球在首飞过程中，球的旋转是绕其球心轴线向下旋转的。

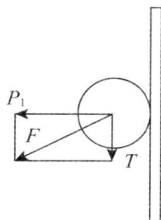

图 5-4　下旋球

（4）侧旋球

侧旋球的形成也和上旋球、下旋球形成的原理是一致的，只不过附加的旋转力 T 在球的侧边，它可以与主击球力 P_1 平行或垂直。附加的旋转力 T 是作用在球的右侧，且与主击球力 P_1 平行，方向一致，则击球后，球绕轴线逆时针方向旋转。反之，如果 T 力作用于球的左侧面，则球做顺时针方向旋转。

（5）复合旋转球

复合旋转球是上旋球或下旋球与侧旋转球相结合的一种旋转球。它是使 P_1、T 力相互协调补偿打出的一种旋转球。实践证明，在临场使用得最多的就是这种球。因为这种球具有两种旋向的特点。如果击出强力的这种球，会给对方造成很大的威胁，往往使之陷于被动。

最后必须指出，在实践中，无论用正手或反手击球，只要技术动作能满足上述各类球的旋转条件都能打出相应的各种旋转球来。

（二）脚步移动

在网球比赛中，一口气冲刺10米之后再击球的情况是很少见的，其主要是以瞬间的短距离移动为主。这就要求运动员必须具备"快速判断"外，还需要迅速移动到合适击球位置的"脚步移动"能力。可见，脚步移动对于网球这项运动来说非常重要。

网球场上情况千变万化，球员需根据场上情况，不断变换方向，通过各种步法以满足急停、转身、变向的需求，有效地控制身体，调整好人与球的距离。步法在网球运动中是至关重要的，网球运动要求每球必动，以保证球员能处在最佳的击球位置。

掌握好步法是球员正常发挥技术水平的前提。通常网球移动的基本步法包括单步（向左前方、右前方）、交叉步、滑步、踮步、跑步、跨步等，无论采用哪种移动方法，都必须快速地移动到位。接下来介绍几种基本步法：

1. 基本步法

（1）单步移动

单步移动的特点是：移动简单、范围小，重心移动平稳。在来球距身体较近时使用。

动作方法：以单脚为轴心，另一只脚向左前方或右前方移动一步，身体重心也随之落到移动的脚上，挥臂击球。

（2）交叉步移动

交叉步移动的特点是：移动范围大，移动速度快，适于左右或向前快速跑动。这种移动方法控制击球的范围大，可以自然地侧对球网准备击球，身体的前转力和手臂力量可以加快球速，增强攻击性。当来球离身体较远且球速较快时可使用。

动作方法：交叉步像人们走路、跑步一样，向右侧移动，左脚前脚掌内侧用力蹬地，从右脚前向右侧横跨出，同时右脚碾地，上体随之右转，左脚落地后，右脚迅速向右侧方继续跨出。向左侧移动时动作相同，方向相反。

（3）滑步移动

滑步移动的特点是：移动范围比单步移动范围大，重心转移迅速。主要用在沙土场上，当来球距身体很远时运用。

动作方法：两脚平行站立，两膝稍弯曲，上体微向前倾，向左侧滑步时，右脚前掌内侧蹬地，左脚向左跨出，在落地的同时，右脚紧随滑动，向左脚靠拢，并保持一定距离。滑步时，要保持屈膝低重心的姿势，身体不要上下起伏，重心保持在两脚之间。向右侧滑步时，动作技术相同，方向相反。

（4）踮步移动

踮步移动的特点是：用于小范围内调整身体和球的距离，使身体能正好进入击球的正常范围。在向后移动，特别是做高压球动作以及空中截击球时多采用这种移动。

动作方法：踮步时，好像麻雀跳跃一样，若向左，则先跨出左脚，带动右脚向左移动；若向右，则先跨出右脚，带动左脚向右移动。

移动是为了在正确的击球点上击球，只有移动到位才能正确地把球击出，所以身体重心移动的时机必须合适。也就是说，在进行后摆、前挥、随挥等动作时，如果不能很好地掌握身体的重心，就不能做到正确的挥拍。在正手击球时，重心移动的关键在于支撑脚的位置确定后,接着就可以把另一只脚向打球方向迈出。不管怎样,由于是拿着球拍在运动,保持身体的平衡就尤为重要,所以要有用不握拍的手保持平衡的意识。

2. 专项步法

除了以上基本步法掌握外,分腿垫步、击球步法这两种网球专项步法也是必须加以熟练掌握。

(1)分腿垫步

分腿垫步是一种起到衔接、变速的串联步法,它能及时地调整身体状态,使你能快速地向任何方向移动。它可运用于底线击球、接发球、随击球上网、发球上网等技术中。如图5-5所示:著名选手科达完美的分腿垫步动作。

(1)从准备姿势起,注意力集中在球上,观察对手动向。

(2)当对手击球瞬间,在吸气的同时,两脚分开,有弹性地踏跳,双脚落地瞬间呼气。使身体处于可向任何方向移动的状态。

图5-5 分腿垫步

(2)击球步法

击球步法是打落地球时挥拍击球瞬间的脚步动作。分开放式步法、关闭式步法和半关闭式步法。典型的击球步法为关闭式,即左脚向侧前方跨出,越过右脚使身体完全侧对球网,这种击球步法无论对保持平衡还是力量发挥都有不合理之处,已被逐渐淘汰。目前,较为流行的步法是开放式步法和半关闭式步法。

①开放式步法,如图5-6所示。

开放式的特点是:能尽早地接到球,尤其在准备仓促时,如接发球或回击离身体很远的球时;但它对挥拍的用力、方向和幅度的控制要求较高。

②半关闭式步法,如图5-7所示。

半关闭式的特点是:击球时的上步使身体重心很好地从后向前转移,从而保证了力量的发挥,同时,侧身对网的姿势使你能轻易地打出直线和斜线球。

采用何种步法与你用什么握拍法打球有直接的关联,采用东方式握拍法击球,用力的方式是向前为主的线性运动,故采用半关闭式步法为好;如果你使用半西方式或西方式握拍法击球,用力的方式是转腰、转跨的角动力,应采用开放式步法。

击球时双脚平行于底线的姿势,称为开放式步法。

图 5-6　开放式步法

击球时左脚向侧前方跨出的姿势,称为半关闭式步法。

图 5-7　半关闭式步法

二、准备姿势和握拍法

(一) 准备姿势

双脚比肩稍宽,左右开立,膝关节微屈,上体稍前倾,重心落在前脚掌上,左手扶拍颈,将拍子置于胸腹之间,眼睛注视对方(如图 5-8 所示)。

(二) 握拍法

网球握拍法分东方式、西方式、大陆式和双手握拍法四种。加上在标准握拍法基础上变化而来的握拍法,握拍的方法就有许多种,如半西方式握拍等,不同的握拍法有其各自的优缺点。东方式握拍法是传统的握拍法,它能应付高、中、低各种来球,可击出平球和旋转不强的上旋球;西方式握拍法能击出极强的上旋球,是对付高球的理想握拍法,但在击低球时会比较困难;而半西方式握拍法既能击出强烈的上旋球,也能应付对手的低球,为当今众多网坛高手所采用;大陆式握拍法常用于发球、截击和高压,由于该握拍法回击高球困难,故现在很少有人采用该握拍法打底线球,但它的优点是打正、反拍时不用换拍。同学们可根据自身的感觉采用某种握拍法,并争取尽快适应将其固定下来(如图 5-9 所示)。

图 5-8　张德培规范的
准备姿势动作

网球握拍法与击球动作有着密切的关系。球拍是击球者手臂的延伸和手掌的扩大,每个击球动作都是由手臂、手腕、手指相互配合用力来完成的,不同的握拍法有其各自的特点。我们通过表 5-1 对比各种正手握拍法的不同特点。

| 大陆式握拍 | 东方式正手握拍 | 半西方式正手握拍 | 西方式握拍 |

| 大陆式握拍 | 东方式反手握拍 | 超东方式反手握拍 | 双手反手握拍 |

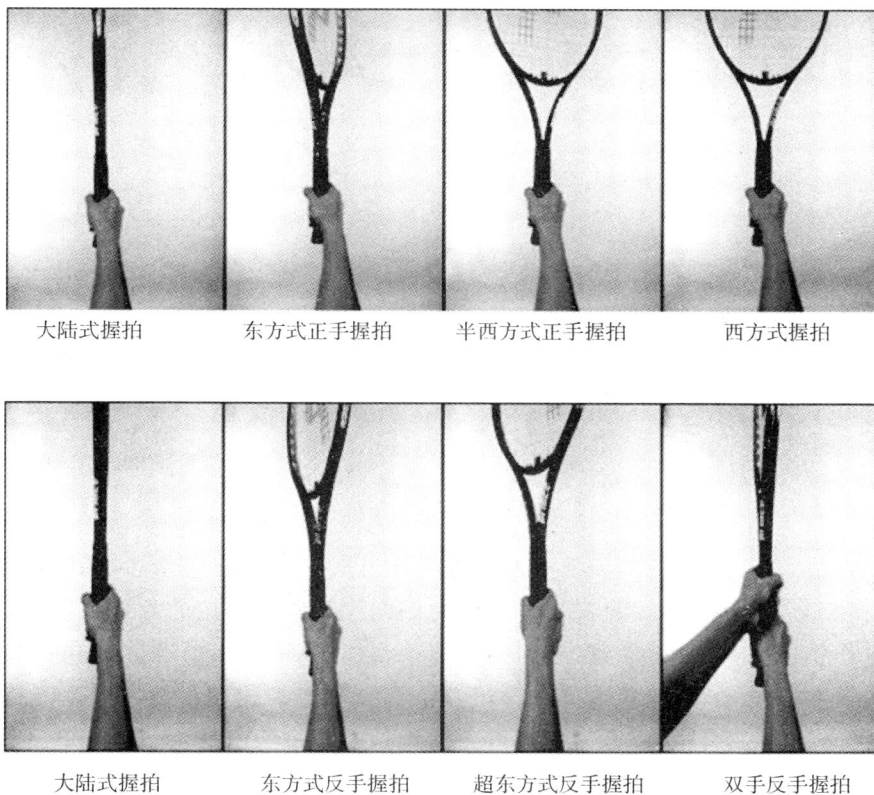

图 5-9　各类握拍法

表 5-1　各种握拍法特点

	大陆式	东方式	半西方式	西方式
站位	适合用关闭式站位击球	各种站位击球最适合的是半开放式站位	适合用开放式站位，不适合用关闭式	适合用开放式站位，不适合用关闭式
击球点	适合在低的位置击球，击球点更靠后	击球点比大陆式靠前，适合在腰部以下击球	击球点在较前的位置，适合在腰部高度击球	击球点比半西方式更前，适合在腰部以上击球
随挥	随挥到耳朵的高度结束	随挥在肩的位置结束	随挥到左肩（右手握拍）一侧低于肩的位置	随挥到左肩（右手握拍）以下甚至可到腰部的位置
适用人群	喜欢双打、年龄较大的网球爱好者	身材高大的男球员或全场进攻型选手	适合大部分的女球员或青少年选手	喜欢打强力上旋球或身材矮小的球员

三、网球引拍方式

如图 5-10 中（1）—（4）所示：

（1）大环形引拍。　　　　　　　　（2）至下而上引拍后再走一个较大的环形。

（3）小环形引拍。　　　　　　　　（4）直线引拍。

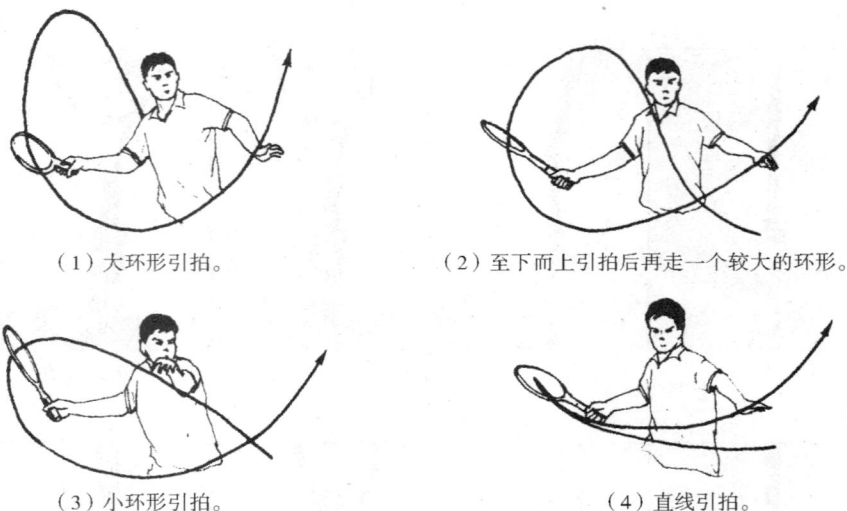

图 5-10　各类引拍法

引拍是为了解决好向前挥拍击球的发力，上图四种引拍方法各有其不同的优、缺点。初学者应根据自身自然显现的倾向性及实际运用的效果加以确定。大环形引拍法容易发挥力量，但引拍路线长，往往来不及挥拍击球而造成击球失误；直接引拍动作简捷、易打中球，但力量发挥稍差。建议初学者采用除大环形引拍法之外的引拍法，因为采用引拍路线相对较短的引拍法，更有利于回击各种快速来球。

四、正手平击球技术

平击球的特点是击出的球几乎不转或很少旋转，飞行路线平直，攻击力大，但飞行弧度小，较易落网或出界。从动作结构来看，与上旋球相比仅仅是挥拍击球的弧线较平坦而已，拍子几乎沿地面平行向前挥动再随挥至肩上（如图 5-11 所示）：萨芬标准正手平击球技术。

（1）从准备姿势起，当判断、看清球飞向自己右侧时，立即迅速转体进行引拍，使左肩侧对网。

（2）以快速的步法移动，调整好人与球的位置。

（3）在左脚向前侧方上步的同时,拍头以流畅的弧线下降至稍低于击球点的高度后,连贯地向前上方挥拍击球。

（4）挥拍击球过程中,保持眼睛盯球和身体轴心的平衡。击球点在身体侧前方。

（5）用全身协调的力量击球,随着拍子前挥,身体也随之转回到朝向球网。

（6）挥拍击球后,必须顺势挥拍至左肩前上方,完成随挥动作,中间不能有任何停顿。

图 5-11　萨芬的标准正手平击抽球技术

　　萨芬出色的平衡控制,使他在移动中的正手击球速度与旋转俱佳。如果拥有 1.93 米的身高和 88.5 公斤的体重,大力击球对你来说也许不是件难事。但若要在速度和敏捷度上做得同样好的话,恐怕就是另外一回事儿了。萨芬在这方面无疑是成功的范例,这也是人们对其寄予厚望的原因。萨芬堪称世界上最优秀的大力击球选手之一,而他出色的步法移动对此功不可没。萨芬在跑动中保持身体平衡的同时释放出巨大力量击球的全过程,是他适应不同场地比赛的秘诀。

• 学习要点

（1）东方式正手握拍法,当然半西方式和西方式握拍法同样能够打出平击球。

（2）做好充分的准备姿势,将注意力集中到球上,预判来球。

（3）及时流畅地引拍。

（4）踝关节、膝关节、髋关节和腰部关节自然弯曲，以降低身体重心。

（5）用小碎步调整人与球的距离。

（6）眼睛盯球，击球点在跨出脚的侧前方。

（7）放松协调地挥拍击球。

（8）随挥动作结束在肩部上方的位置。

• 常见的技术错误及纠正方法

1. 击球下网

原因：

（1）拍面下压。

（2）引拍太迟，造成击球点偏后。

（3）挥拍击球时拍头未从击球点下方往上运动，拍子从后上往前下挥击。

纠正办法：

（1）击球瞬间拍面垂直于地面。

（2）确保击球点在身体的前侧方。

（3）确保完成引拍后，拍头的位置处于比击球点略低的位置向前挥拍击球。

2. 击球出界

原因：

（1）拍面上扬。

（2）击球点离身体太近出现拍头朝下捞球。

纠正办法：

（1）击球瞬间拍面垂直于地面。

（2）调整击球点的位置，让击球点离身体远一点，拍子挥拍击球时拍子基本处于与地面平行的状态。

3. 打不准球

原因：

（1）站着打球，重心太高。

（2）双眼没有盯住球。

纠正办法：

（1）降低重心击球，保持上体正直状态，髋关节、膝关节和踝关节适度弯曲。

（2）双眼始终盯住球，直至完成击球动作。

4. 击球偏左

原因：击球过早。

纠正办法：掌握合适的击球时机，让球离身体近些再打球。

5. 击球偏右

原因：击球过晚。

纠正办法：早引拍早到位早击球。

五、网球双手反手抽球技术

双手反手抽球技术以其击球稳定、力量大的特点,被越来越多的选手采用(如图5-12所示):阿纳斯·扎维(Agnes Szavay)的双手反拍技术。

(1)(从准备姿势起)当球飞向左侧时,迅速向左转动上体的同时向后引拍。

(2)以快速的步法移动到位,两手臂自然伸展,完成引拍。

(3)越过肩盯住来球,拍头循弧线自然下降至合适高度,连贯地挥拍击球。

(4)击球点在与跨出脚平行的位置上。

图5-12　阿纳斯·扎维(Agnes Szavay)的双手反拍技术

2007年中网公开赛女子单打冠军,年仅19岁的匈牙利姑娘——阿纳斯·扎维(Agnes Szavay),在上个赛季将自己的排名蹿升近200位,这很大一部分要归功于她的双手反拍。

· 学习要点

(1)使用双手反手握拍法。

(2)转肩带动手臂几乎以一直线向后引拍,重心落在后脚上。

(3)从肩上盯住来球。

(4)击球点在以跨出脚平行的位置上,即比单手反手抽球的击球点离身体要近些。

(5) 拍头循弧线下降至合适高度后挥拍击球。

(6) 以身体的轴为中心,利用引拍转向左后的上体进行回摆击球。

(7) 击球后,拍头随球大幅挥出,结束在右肩上方。

• 常见的技术错误及纠正方法

1. 击球下网

原因:

(1) 引拍幅度过大,手臂抬起过高,拍头没能下降到合适的高度挥拍击球。

(2) 挥拍轨迹有误,拍头没有向前推送而直接向上提拉。

纠正办法:

(1) 引拍时双臂自然靠近身体,改进时可在腋下夹球,引拍时球不落下为宜。

(2) 挥拍击球时加大从后下方向前上方挥送的距离。

2. 击球出界

原因:

(1) 拍头下垂形成捞击球。

(2) 拍头起拍位置太低,挥拍轨迹太陡造成出界。

纠正办法:

(1) 引拍后锁住手腕,保持拍头的合理位置。

(2) 根据击球点的高低位置,调整拍头起拍位置。

3. 击球无力

原因:

(1) 握拍不紧,力量无法很好传递。

(2) 击球后身体无法完全转正,右脚向左侧上步过多,右脚几乎平行于底线,仅用手臂力量击球。

纠正办法:

(1) 挥拍击球时握紧拍子。

(2) 调整击球步法,采用半开放式步法或开放式步法。

六、单手反手上旋抽球技术

如图 5-13 所示:毛瑞斯莫的单手反手上旋抽球技术。

曾几何时,单手反拍在女子比赛中只能起到维持回合的作用,球员得分的主要手段还要通过正拍。随着双手反拍进攻性的加强,网球的制胜策略也被完全更改了,单手反拍打法甚至连维持回合的能力都没有了,更谈不上有什么攻击性了。不过,当毛瑞斯莫带着自己犀利的单手反拍抽球来到女子网坛的时候,人们依稀看到了单手反拍在未来光明的前景。她极端的半西方式握拍、强大的腿部力量和剧烈的身体转动,都为单手反拍重出江湖创造了机会。

（1）从准备姿势起，当球飞向左侧时，在左手引导下，迅即向左转体、转肩完成向后引拍，拍头位置在肩部高度。

（2）以快速的步法调整好人与球的距离，屈膝，眼睛越过右肩盯住来球，拍头循弧线下降至低于击球点的高度并连贯地向前上方挥拍击球。

（3）随着挥拍动作重心移至前脚，击球点在跨出脚的侧前方。

（4）触球时，拍面垂直地面，拍身与地面平行，髋部展开，击球肩抬高，帮助完成球拍向上挥动的动作，肘关节保持自然伸直。

（5）保持头部固定，球拍继续向上挥动，直至右肩前上方。

（6）左肩和臂自然拖后，形成与右肩前转的抗衡动作，维持身体平衡。

图 5-13　毛瑞斯莫的单手反手上旋抽球技术

• 学习要点

(1) 使用半西方式反手握拍法。

(2) 左手扶住拍颈迅速向后引拍。

(3) 眼睛盯球,击球点在跨出脚稍靠前的侧前方。

(4) 拍头循弧线下降至击球点下方后,由低向高挥拍击球。

(5) 握拍手领先,引领整个击球过程。

(6) 以身体为轴,用身体转动的力量协调发力,手臂自然伸展,挥拍结束时,身体重又转回到面向球网,后脚上步。

• **常见的技术错误及纠正方法**

1. 击球下网

原因:

(1) 下肢太直、身体重心高。

(2) 左手没有帮助后引球拍,引拍太迟,造成击球点偏后。

(3) 拍头没有下降到稍低于击球点的位置就开始挥拍击球。

纠正办法:

(1) 强调在准备姿势时就降低身体重心。

(2) 在来球未落地前开始引拍。

(3) 持拍手自然靠近身体。

2. 击球出界

原因:

(1) 没有及时转换握拍,用东方式正手握拍法击球。

(2) 身体展开太快,拍头挥不出去。

(3) 拍头下垂或击球点离身体太近。

纠正办法:

(1) 从准备姿势起,持拍反复做换拍反手单手抽球动作。

(2) 及时引拍,降低身体重心,引拍过程中让持拍手手臂自然靠近身体,拍头领先挥拍击球。

3. 击球无力

原因:

(1) 没能以身体为轴回转身体发力,仅靠手臂力量击球。

(2) 握拍不紧,力量无法很好传递。

纠正办法:

(1) 采用半开放式或开放式站位,充分利用转腰转体的力量挥拍击球。

(2) 挥拍击球时,握紧拍子,锁住手腕以便力量很好地传递。

第二节　初级水平战术基础

从能把球打过网的那一天起,理论上说,玩球的人已具备了打比赛的条件。网球只是一个隔网将球来回击打的游戏。虽是游戏,但玩的人是谁都不想输的。为了获胜,就有了战术存在的必要,网球比赛中时刻充满着战术的变化。战术是运动者在比赛中,根据网球运动规律及临场比赛情况的发展变化,合理运用技术所采取的有目的、有针对性的行动。网球比赛比的是控制,包括对球的控制,对自己情绪的控制,对自己注意力的控制,技术是控制的基础,而战术则是控制的实施。网球战术的制定与运用必须要以技术的掌握为基础,而技术是为战术服务的,通过战术合理地把技术运用于比赛中,才能获得比赛的胜利。因此,当掌握了一定的技术后,战术运用能力的提高和战术意识的培养是提高网球运动水平的一个重要方面。

一、网球运动战术内容的分类

从广义上理解,战术是指技术、意志、智能和素质在比赛中有针对性的综合运用。从狭义上讲,战术是指在比赛中运动员根据对方的打法、类型及技术特点而采用的各种技术手段与方法。

网球运动战术分单打和双打战术。而具体的网球运动战术内容非常多,一般按照网球基本打法进行分类。网球的基本打法分为:底线型、上网型及综合型三种类型。

(一)底线型

练习者基本上保持在底线抽球,较少上网,或利用球的落点、速度和旋转变化打出机会时偶尔上网。

优秀底线型选手均能掌握扎实的正、反手抽球技术。抽球具有相当强大的攻击力,利用快速有力的抽球打出落点深而角度刁的球,能够用较强的上旋球一拍接一拍地进行大角度地抽击,迫使对方处于被动局面。当出现中场浅球时,以快速迎前的动作进行致命一击,这种类型虽很少上网,但一有机会也能抓住时机上前攻击。

(二)上网型

积极创造一切机会和条件上网,发球后积极争取上网,上网后利用控制速度和角度的截击球造成对方还击困难。这种打法积极主动、富有攻击性,但也有一定冒险性。

优秀上网型选手都掌握发球上网和随球上网的战术,发球技术凶狠、力量大、有威胁性,另外,截击球和高压球的攻击力也很强。

运用发球上网战术要求发球有力,落点变化多,上网速度快,中场截击技术好,能为近网攻击创造有利条件。网前截击迎前动作快,击球角度大、落点变化多。随球上网要求能创造有利时机,随球上网战术一拍击球质量高,上网快,判断准,网前截击威力大。高压球要求判断准,反应和移动快,下拍坚决果断,落点好,保护后场的能力强。

(三) 综合型

底线和上网两种打法综合使用,结合对方情况采用不同打法,随机应变。优秀综合型选手的技术全面,无论是发球、接发球,还是截击和高压球,都应具有很高水平。能够根据对手特点,在不同的临场情况下采用相应战术。有时底线对抽,有助伺机上网截击,时而发力猛抽,时而稳抽稳拉,有时轻放小球,有时又挑出上旋高球,充分发挥多样化技术,并结合敏捷步法,机智灵活地争取主动。

根据基本打法,网球运动战术的内容可以分为对付底线型打法的战术、对付上网型打法战术及对付综合型打法战术三种。

二、网球区域的概念

比赛的时候,精准地判断好自己和对方的阵势非常重要。初学者应该对网球运动区域有明确的概念,这样便于运用战略战术。

我们介绍一种三分割构图法,这种分法把网球场分为:前锋区域、过渡区域和挑战区域(如图 5-14 如示)。

1. 前锋区域

前锋区域是离对手最近的中场部分叫作前锋区域,这个区域属于极具进攻性的区域,因此面对来球,我们要学会毫不犹豫地狠狠扣杀回去。

2. 过渡区域

过渡区域是发球横线的附件区域。这个区域是主要的进攻区域,但切记决不能待在过渡区域里准备接对手的回球,一般的策略是要么顺势上网,要么迅速退回端线处。

3. 挑战区域

挑战区域又称持久战的区域。在这个区域运动员通过积极的跑动,耐心的底线对攻,给对手施加压力,等待、寻找给对手以致命一击的机会。

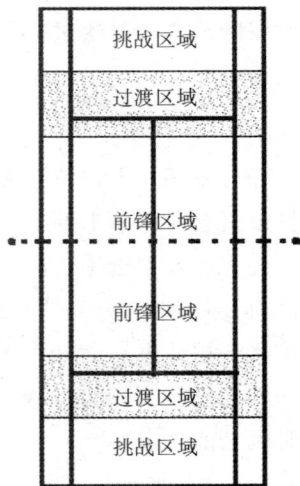

图 5-14　网球区域

三、角度、速度和旋转的相互关系

角度、速度和旋转是网球比赛的主要要素。无论是在快速球场(草地、塑胶地等)还是在慢速球场(沙土场等)比赛,也无论练习者技术水平的高低及他们的打法类型,他们应注意的主要要素都是相同的。一般来说在快速球场上,要求挥拍动作幅度较小而快,采用上网战术较为有利。在慢速球场上,要求挥拍动作幅度较大而慢,适宜采用底线打法和综合打法。虽然场地因素对比赛是个重要因素,但不是决定因素。在比赛中,关键问题是练习者能否把网球比赛的主要要素运用好。忽视这三个主要因素的任何打法,都不能在网球场上发挥威力,比赛也难以取胜。

1. 角 度

角度是指角的大小。而角是从一点引出的两条直线形成,或是从一条直线上向左侧和右侧展开的两个平面所形成的空间。对练习者来说,角度是从打球人的击球点至接球人所构成的一条直线,然后向左侧和右侧展开的两个平面所形成的空间。如果以击球点与接球人所构成的直线为0°,那么,向左侧和向右侧展开的平面越大,则角度也越大。一般来说,离接球人身体两侧越远的球角度越大,越具有威胁性。打角度球就是尽量扩大击球点至落点与击球点至接球人之间所形成的角度,使击球后球行进线路远离接球人。打角度球的意义在于,它能调动对方,特别是能将对方拉出场外,使场上出现空当,继而击球得分;打角度球有时也可以直接得分,特别是在破网技术中运用效果更佳;另外,打角度球还可以减少自己回中心的跑动距离。在日常练习中,经常打角度球来提高破网技术,也是培养网球意识的重要一环。

2. 速 度

速度是指运动的物体在某一个方向上单位时间内所经过的距离,它泛指快慢的程度。对网球运动来说,有技术方面的动作速度,如拉拍早、摆速快、击出的球速度快等。另外,还有反应、判断、移动等方面的速度。当对方场上出现空当时,练习者把握时机凭借打出的角度或击球力量创造得分机会,在这种情况下,就要看练习者在判断、反应、移动、扑截和击球速度方面的快慢了。速度快的练习者会得心应手地将球适时还击过去,在速度上取胜对方。使用截击球回球速度最快、威胁性也最大,在回击落地球时,应尽快提高挥拍速度,以增大击球爆发力。另外,压低球飞行的弧线,缩短球在空中飞行时间,也能使回球速度加快。同时,加强专项速度素质的训练,有助于提高反应、判断和移动的速度。优秀网球选手上网速度快,击球速率高,爆发力强,他们的移动速度非常快,步法灵活,不仅能迅速跑到击球位置,而且能够及时到位,甚至快速提前到位。

3. 旋 转

练习者击球时,球拍给球的作用力线不通过球心时,球就会产生旋转,旋转的球在空中飞行的弧线、落地后弹起的弧线与不旋转球不一样,我们研究击球的旋转,目的一是要利用它,二是会对付它。

在网球运动中常见的旋转有三种:①上旋球,它是由球拍稍前倾,从下向前上擦击球的中上部而产生的。这种球的特点是在空中飞行时下落比较快,落地后向前冲,弹得低而快。②下旋球,它是由稍后仰的球拍从上向前下擦击球的中下部而产生的。这种球的特点是落地后弹得高,球不往前走。③侧顺旋和侧逆旋,它是由侧后仰的球拍由左后上或右后上向右前下或左前下擦击球的左中下或右中下部而产生的。它的主要特点是落地后向左、右两侧跳。

旋转的作用是利用旋转制造合适的击球弧线,提高击球的命中率;另一点可以利用旋转的变化干扰、破坏对方的击球,使对方击球失误。

提高击出旋转球的能力要通过用力摩擦球的方法来实现。对付旋转球要视旋转种类区别对待,截击下旋球拍面要稍后仰些,以防下网;抽击下旋球要多向上用力,弧线高点;遇到侧逆或侧顺旋球,要降低重心,球拍在正常弹跳的右侧或左侧等球。

应当强调指出,比赛中角度、速度和旋转结合运用,更能发挥击球威力,取得比赛主动,从而占据场上优势。综合利用以上主要三要素,是现代网球的一种最佳得分手段,优秀网球选手都具有这一特征。

四、网球比赛的三种态势

纵观网球比赛的过程,不论是顶级的赛事,还是业余比赛,无一例外地都处于三种态势下,即进攻状态、防守状态和相持状态。而这三种状态随着比赛的进行又在不断地进行着转化,有时一次击球后就转变了比赛的态势,从进攻状态转到了防守状态或从防守状态转到了相持状态等等,是一个动态的过程。同时,结合比赛的实际过程,又可将单、双打比赛细分为若干种比赛情况。在每一种比赛情况下,都有相应的战术可加以运用,也就是说网球战术是在上述比赛情况下得以实施和运用,了解网球比赛的不同态势和不同的比赛情况,将有助于更好地运用所学的战术,把握比赛的进程。

1. 单打比赛的五种比赛情况

(1)自己发球时。

(2)接发球时。

(3)自己上网时。

(4)对手上网时。

(5)双方选手都在底线时。

2. 双打比赛的六种基本比赛情况

(1)本方发球时。

(2)本方接发球时。

(3)本方双上网时。

(4)对方双上网时。

(5)双方都在底线时。

(6)双方都在网前时。

小贴士　　　　　　**初学网球控制球的五要素**

　　网球是一种有界线和球网限制的比赛。如果你在击球时不能对球进行控制,那么再大的力量也赢不了比赛。一旦你到达击球区并对击球进行了适当的准备,关键时刻就到了,你必须在击球时做到下列几点,才能完成完美的击球。

　　1. 掌握挥拍速度——不能太快。

　　2. 控制好击球点——在体前击球。

　　3. 增加旋转以便于控球.用身体协调地用力击球。

　　4. 用拍面角度控制球的方向——眼睛盯球。

　　5. 面对目标的随球挥拍动作——做完整。

第三节　网球运动专项素质基础和基本技术练习方法

一、网球运动专项身体素质基础的练习方法

　　在学习网球技术之前,我们必须进行熟悉球性和脚步移动这两项基本能力训练,打好基础才是快速提高网球水平的捷径。

　　(一)熟悉球性练习

　　以下这些练习方法对培养初学者的手眼协调能力有很大的帮助,并可提高对来球的判断,为随后的击球练习奠定良好的基础。

　　1. 手掌手背颠球

　　练习目的:培养手与球之间的距离感,通过手颠球体会拍面击球的感觉。同时提高手眼协调的能力。

　　练习方法:用手的手掌和手背依次交替颠球,左右手都可以进行练习。

　　2. 抛球练习

　　练习目的:体会球场的距离感。

　　练习方法:练习双方站在两条单打边线附近相互抛球。注意身体重心的转移和协调发力,出手位置在头与腰间。左右手都需练习,让身体各环节均衡发展。

　　3. 投篮练习

　　练习目的:培养位置感和专注力。

　　练习方法:在网前放一个球筐或球桶,练习者在底线附近将球投进去。投球方式分上手投球和下手投球。投出的球要有一定的抛物线,让球更容易进筐。

4. 球拍拍球

练习目的：感觉拍线的弹性和拍面控球的感觉。

练习方法：设定不同的拍面高度。练习时要注意拍面平行于地面，否则球会到处乱跑。

5. 球拍正反面颠球

练习目的：建立正确的触球时机，锻炼网球运动所需的手掌、手腕及小臂的基础力量。

练习方法：端平球拍进行颠球练习，要求手腕固定，拍面平行于地面。先用一面练习，在熟练后，再用另一面练习，最后可以正反面颠球。

6. 双手同时抛接球

练习目的：提高练习者的专注度，加强手眼协调的能力，学会与搭档的配合。

练习方法：两人一组，用四个网球，每人每只手各拿一个网球，同时抛球，抛完球之后立即接住对方抛来的球，如此交替。注意练习过程中保持降低重心。

7. 用两支球拍夹球

练习目的：提高捕捉来球的能力，体会球与球拍接触瞬间的感觉。

练习方法：练习者左右手各拿一支球拍，用两支球拍夹住对面搭档抛来的球。

8. 拍柄击球

练习目的：提高练习者盯球能力和击球时的专注度。

练习方法：练习者双手分别抓住球拍框的三点和九点位置，将练习者搭档抛出的落地球用拍柄击出。

9. 收臂上步接球

练习目的：培养练习者击球前到位的能力。

练习方法：练习者双手收于腰际，双腿弯曲准备接球。练习搭档在相距5米的位置向左或向右抛落地球。练习者移动双脚，上步接球，要求双手不能离开初始位置。

10. 快速反应前冲抓球

练习目的：培养练习者的反应能力，在打球的过程中，需要迅速对来球做出反应，然后立即起动到位击球，这个练习能够很好地训练学员这一能力。

练习方法：练习者间距3～5米相对站立。一位双手各拿一球，然后双臂侧平举。随机松开一只手中的球，另一练习者快速反应冲向球，在球两跳之前将球接住。

11. 原地上步手滚球

练习目的：培养降低重心击球的习惯，锻炼腿部力量和捕捉球的能力。

练习方法：练习者以半蹲姿势准备。练习搭档在相距3米的位置向左或向右滚球。练习者移动双脚，上步将球滚回给搭档，要求球不能离开地面。

12. 打后方抛来落地球

练习目的：这项练习大多需要练习者向左前方或是右前方上步，这正是向前上步迎击来球的雏形。同时还可以锻炼练习者的反应能力，提高练习的专注度。

练习方法：练习搭档站在练习者的身后，将球经练习者的头顶抛到练习者身前一侧。练习者在球落地一次后将球击出。抛球可以偏向左边或是右边。

（二）基本步法练习

脚步移动的训练需要依靠运动员的多项能力，其中包括保持身体不会发生摇摆的平衡感，肌肉与关节顺畅联动，快速移动到击球位置的移动能力等等。

包括五个要点：脚步没有定式，应根据不同状况做出最自然的反应；能够迅速做出反应的准备姿势是脚步移动的基础；保持躯干稳定的身体平衡性同样不可或缺；加速，减速，折返等速度调节能力十分重要；跨步的速度将决定瞬间加速的能力。

脚步移动是运动员的一种自然反应。因此，如果过分拘泥于"这种情况应该使用这种步法"这种想法的话，在面对场上局面时就会产生犹豫，浪费一定的时间。一定要建立"步法是自然产生的"这一意识。理解网球比赛中的各种步法是身体的一种自然运动。

具体练习方法：

1. 起动接球

练习目的：提高盯球的注意力和快速起动能力。

练习方法：两人一组，面对面相距3～4米站立。一人直立两臂侧平举，双手各握一个网球（手心朝下），对面同伴做好起动的准备姿势（持拍击球的准备姿势）。练习时，持球者随意放开其中一个网球，同伴根据判断立即起动，在下落的网球第二次落地前接住。练习者可以画线作为标志，根据反应效果调整两人之间的距离。

练习要点：注意力集中，重心降低，快速起动，接球时站稳。

2. 小碎步练习

练习目的：提高脚步移动的敏捷性及快速摆脱静止状态的能力。

练习方法：双脚保持不停地倒换小碎步，想象自己的脚下有一火堆，脚一碰到地就要马上抬起，可持续30秒至1分钟。

练习要点：适当放松全身肌肉，保持较低的身体重心，重心平稳。

3. 跑动摸球练习

练习目的：提高底线快速移动能力。

练习方法：同伴在发球线与中线交叉的"T"位置，手拿2～3个球，练习者站在底线中点位置，送球者按照正手、反手、再正手和反手的顺序将球从地面上滚送到单打边线与底线交叉部，练习者每次必须用手接到地滚球后将球滚送回同伴，并回到中心位准备。可根据练习者体能状况设定送球组数。也可不按规定顺序进行送球。

练习要点：送出的球要贴紧地面并有一定的速度。练习者可运用交叉步或滑步移动，触球时要通过弯曲膝关节来降低身体重心，用持拍手触球。

4．凌空抛接球练习

练习目的：加强网前截击及高压球步法移动能力。

练习方法：两人面对面站立，相距约2～3米，抛球者随意将球抛向练习者前方，练习者运用网前截击步法凌空将下落的球接住，然后将球送还给对方。送球者也可将球抛高，练习者运用高压球技术将球接住。

练习要点：抛球者可抛出前、后、左、右不同位置的球，使练习者积极移动起来，练习者应用自己的持拍手接球。

5．"W"字冲刺练习

练习目的：提高改变前进方向的能力及后退与前冲的速度。

练习方法：从左侧网柱开始，背朝底线，向近侧单打边线和底线交界处全速后退，到目标位后急停，然后向中心网带冲刺，到位后再急停，再向另一侧单打边线和底线交界处全速后退，急停后再快速跑向右侧网柱。

练习要点：急停时要控制住速度，改变方向时必须做到直线变向，不能绕环变向。

（三）专项步法练习

1．正手击球步法练习

练习目的：了解正手击球时的步法。

练习方法：练习者肩向右转动，同时以右脚为轴向右转动，身体重心移至右脚，然后使左脚自然向前跨出，置于右脚前方，如此完成正手击球的步法。可反复练习。

练习要点：脚步移动配合重心转移进行。当左脚置于右脚前时，要求扶拍手离开拍颈部并指向前方，右臂置于身体右侧的位置。

2．反手击球步法练习

练习目的：了解反手击球时的步法。

练习方法：以左脚为轴，向左转动并将右脚迈至左脚前，此动作即完成了反手击球步法。

练习要点：当右脚迈出后，身体重心应落在弯曲的右腿上。可反复练习。

3．移动击球步法练习

练习目的：了解和熟悉各种移动步法与击球步法的衔接与运用。

练习方法：正手击球时，向右转体（反手击球向左转），可同时采用自然跑、滑步、交叉步等移动步法跑至击球位置，最后一步完成正手击球（或反手击球）步法。

练习要点：采用合理移动步法跑至击球位置并与最后一步击球步法有机结合，做到先大步后小步，先快速后慢速接近球。

二、网球运动基本技术练习方法

（一）正手抽球技术练习方法

1．原地抛球

一人原地垂直将球抛在已经侧身准备击球的运动者的击球点上，运动者体会挥拍击球动作。此项练习方法也可单人进行自抛自打练习。

2．逐渐拉开距离定点和不定点抛球

两人之间的距离慢慢拉开,开始时一人可以将球抛在合适的击球位置,随着熟练程度的增加,可以试着小范围对练习者进行前后左右的调动。

3．用球拍送球

一人用球拍送球,距离由近及远,另一人从预备姿势开始,体会侧身引拍与击球的衔接。

4．小场地对打

以发球区为球的落点进行双打练习,尽量在不发力的情况下将动作做完整,提高控球能力。

5．底线对打

在小场地对打较为熟练之后,慢慢退到底线进行对打练习。

注意事项：

通常情况下,正手技术是初学者学习的第一个技术,掌握的情况会直接影响对网球运动的兴趣。因此,不要急于将练习方法试个遍,最好在对一项练习巩固了之后,再去进行下一项练习,如果觉得难度增加了很多,就退回到前一个练习,两个方法交替进行。

（二）单、双手反手抽球技术练习方法

1．按照正手抽球技术练习方法的1～2步骤进行练习

2．"V"字形抛球练习

在学员前方2～4米的位置,朝学员的身体两侧抛球,注意抛球的角度、落点、高度和频率。练习时可以正或反手连续抛5～10个,交替进行。随着技术成熟,可逐渐减少,到正反手各抛一个,这个练习方法对学员学习正反手换拍有良好的作用。这个方法对学员掌握最后两步完成引拍,最后制动击球,即1—2—3引挥拍击球的节奏有重要的作用。

3．前方抛球练习

在学员的前方用手抛球,距离可以3～4米,6～7米,8～10米,以双打或单打边线为方向或稍向球场内侧方向抛球,落点根据抛球距离在学员前方1～2米处,高度与学员的肩部差不多,抛球的频率不可过快。

4．抛高球和低球练习

练习高点击球时可在学员身体前方6～8米处抛高球,要求学员不能后退,拍头朝上在高点击球,注意抛球的高度、落点和方向。练习低点击球时可在学员身体前方3～5米处抛高低球,要求学员不能往前移动,拍头朝下在低点击球,注意抛球的高度、落点和方向。

5．隔网送球练习

隔网发球线位置,或隔网底线位置用球拍送球,注意送球的方向、落点、高

度和频率。

6. 对打练习

与教练或练习搭档进行斜线或直线对打。

注意事项：

由于双手反拍是双手持拍击球，会受到持拍手的牵制，因此无法像正手击球那样覆盖大面积的击球区域，击球位置相对固定，需要充分调动双腿，多利用小碎步进行调整，在完全到位的情况下才能打出品质极佳的反手球。

【拓展窗口】

那些年让我们信以为真的网球误区

如果你学过打网球，那么你很可能从教练或者朋友那里听过下面这些传播很广，貌似有理的"网球理论"，然而其中不少已经被现代网球证实是一些误区。

为什么这些误区会产生？因为过去的网球理论都是基于肉眼的观察而得出，而就算你双眼视力达到 5.0，每秒钟最多也只能看到约 30 帧的图像，其实你根本看不清职业选手是如何击球的。现代高速摄影技术给了我们放慢时间的能力，也破解了这些曾经误导了无数网球爱好者的误区。

【误区 1　永远尽量向前移动，一定要迎前击球】

图 5-15　迎前击球

迎前击球是一条广为流传的观点，很多教练，甚至教科书上都这么告诉你。让我们再仔细研究一下这条理论，总是迎前击球保持侵略性固然很好，但你不可能总处在进攻状态。

事实是，顶尖选手们不仅会向前侵略，也会选择向后退守，在不同的情景下选择不同的脚步。你知道吗，实际上职业选手在比赛的大部分时间，后退的步伐要多于迎前的步伐。

【误区2　你要立刻向后引拍】

图 5-16　流畅引拍击球

学网球的人大概都听过这句话，引拍要早，越早越好。但错了，过早的引拍并不会帮助你更好的击球，只会破坏你本应有的击球节奏，让你的击球力量变弱。如果你仔细看费德勒、阿加西、莎拉波娃这些顶尖选手的击球，你会发现他们流畅的引拍击球，而不是引拍，等待，击球。

【误区3　击球点要越靠前击球力量越大】

图 5-17　击球动作

你是不是也听过这样的说法？好像你的击球点靠前了，就能击出更好的一球？也许之所以会产生这样的误传，是因为教练总是看到初学者击球点太靠后，甚至都到了身体后面，但告诉学员把击球点提前就能解决这个问题吗？不，其实击球点靠后一般是由于击球动作有问题或者脚步有问题，而不是击球点本身的问题。

【误区 4　不要想着技术动作，击球熟练了慢慢就有技术了】

图 5-18　连贯的技术动作

错，好的技术不会自然而然地就降临到你身上，正确的技术动作有它自己的要领，你可以不去理会这些要领，但是否掌握它们却是区分一个优秀选手和一般选手的标准。除非你的身体构造异于常人，否则你自创的动作真的不会更适合。

思考题

1. 试举 3 个击球步法的作用。

2. 在打球过程中能经常改变握拍法吗？

3. 如何理解网球比赛的基本要素和基本打法的关系？

第六章　大学网球中级水平教学内容

◎本章导读

　　本章详细讲解了网球中级水平基本技术、基础战术、网球运动专项素质基础和基本技术练习方法、大学网球中级水平考试内容与评价方法等内容。教材针对网球中级水平的特点，介绍了常见技术错误及纠正办法，使用易懂的文字和图片，告诉你提高网球技战术最有效的方法。

第一节　中级水平基本技术

一、正反手底线击球技术

　　网球中级水平介绍的是正手上旋抽击球和单手反手下旋球技术。

　　上旋球的特点：击出的球带上旋，飞行弧度大，球过网高度可在 1.5 米以上，下落速度快，落地后反弹高而远，具有很强的攻击性且不易下网或出界，是现代网球必备的技术之一。

　　要打出强烈的上旋球，合适的握拍法是半西方式或西方式握拍法。击球步法应采用开放式或半开放式步法，用关闭式步法是很难打出强烈上旋球的。

（一）正手上旋抽球技术

　　如图 6-1 所示：罗迪克半西方式握拍上旋抽球技术。

（1）从准备姿势起，左脚作为支撑脚转动身体的同时，抬肘向后引拍并转肩，左手臂伸向身体右侧平衡身体。

（2）继续后引球拍，右脚上步成开放式步法，身体重心进一步下降。

（3）拍头以流畅的弧线下降，肘部弯曲夹紧腋部，重心落在右脚上，头部固定，双眼注视击球区。

（4）挥拍击球时，右髋挺起后转髋带动击球肩上提，拍柄底部朝向前方，拍头由低到高前上挥动。

（5）—（7）上体转动的同时，身体重心从右脚转向左脚，上臂贴近身体，肘部加速挥拍击球，击球后继续随挥动作，肘部抬高结束在肩和腰部之间的位置。

图 6-1　罗迪克半西方式握拍上旋抽球技术

• 学习要点

（1）使用半西方式或西方式握拍法。

（2）做好充分的准备姿势，将注意力集中到球上，预判来球。

（3）以肘关节领先及时流畅地引拍。

（4）踝关节、膝关节、髋关节和腰部关节自然弯曲，以降低身体重心。

（5）使用开放式步法或半开放式步法。

（6）运用转腰转体的角动力，放松协调地挥拍击球。

（7）随挥动作结束在肩和腰部之间的位置。

• 常见的技术错误及纠正方法

1. 无法打出有效的上旋球

原因：

（1）击球时没有降低拍头。

（2）转体转肩不够，没有产生足够的角动力。

纠正办法：

（1）根据来球高度，在击球前把拍头降到低于球的高度。

（2）采用开放式或半开放式步法,强化转体转肩及身体的协调用力。

2. 无法打出有进攻力上旋球

原因：角速度过多而线速度不够,即随挥动作不够。

纠正办法：让学生了解球拍在碰球之后要向击球方向挥动,避免向左挥动得过多。

小贴士 平击和上旋抽球动作的差异

正、反手平击和上旋抽球的主要环节几乎是一致的,都包括准备姿势、向后引拍、挥拍击球和随挥动作四个环节。主要区别在于：（1）平击球引拍后,拍头循弧线下降至略低于击球点处即以平坦的挥拍轨迹正对来球挥拍击球（击球时拍面几乎垂直地面）,使打出的球几乎不加旋转。（2）上旋球引拍后,拍头循弧线下降至低于击球点30厘米左右处,以一较陡的弧线挥拍击球（击球时拍面几乎垂直地面）,使球产生强烈的上旋。请注意,上旋球不能依靠用拍子翻滚过球来产生上旋,这样的打法能使球产生上旋,但失去了前冲力,抽球威力就大打折扣了。

（二）单手反手下旋球技术

反手削球的特点是击出的球下旋或侧旋,飞行弧度低平,球速相对较慢,但由于球下旋或侧旋,着地后球贴着地面向前或向侧偏转飞出,造成对手回球困难,且切削球易控制落点和省力。由于削球容易掌握,回球不易失误,为许多初学者和老年网球爱好者所喜爱,如果掌握了单手反手削球技术,对于扩大击球范围和击球的稳定性很有益处。如图6-2所示：网坛豪男尤兹尼单手反手削球技术。

|（1）|（2）|（3）|

（1）当准备打反手下旋球时,左手扶拍颈向左后引拍,拍头应高于手腕,肘关节抬起,远离身体,拍子和手腕在击球点的后上方,拍面稍打开,手腕固定。

（2）—（3）在右脚向左前方跨出的同时,向前下方挥拍击球的中部或后下部,重心须随拍前移,以加强击球速度和力量。

（4）　　　　　　　　（5）　　　　　　　　（6）

（4）击球点在跨出脚的前面，触球时机可比反手上旋球和平击球稍晚，眼睛盯住球。

（5）—（6）让球拍随着球击出的方向继续向前下方挥出，应让拍子向前平稳运行一段距离后，自然地将拍子随挥到一定高度结束，不要突然地停止或急于把球拍提拉起来。

图 6-2　网坛豪男尤兹尼单手反手削球技术

• 学习要点

（1）采用大陆式握拍法。

（2）直线向后引拍，抬起肘关节使其离开身体。

（3）向前下方挥拍，切削中含有向前推送的动作成分。

（4）眼睛盯球，击球点在跨出脚的侧前方，比反手抽球的击球点更靠近身体。

（5）尽可能使球拍与球有较长的接触时间。

（6）触球后，可运用手腕动作帮助完成拍子的前送。

（7）随挥动作的幅度应根据临场情况加以调控，并自然地在高处结束。

• 常见的技术错误及纠正方法

1. 削球不过网

原因：

（1）肘关节靠近身体没有抬起，引拍没有到位。

（2）以肘关节为轴，伸前臂削球。

纠正办法：

（1）引拍时用左手扶住拍颈定位在肩部上方，展开拍面。

（2）以转肩转体带动整个持拍手臂挥拍击球，尽量延长球拍接触球的时间。

2. 削球飞行弧线太高，球经常出界

原因：

（1）挥拍弧线不正确，没有从后上位直接挥向击球点，往往在不知不觉中降低了拍头位置，造成在低位向前上削击球。

（2）拍面坦得太开。

纠正办法：

（1）通过降低身体重心来应对弹跳较低的球，从引拍位直接削向来球。

（2）调节肘关节抬起的高度，减小拍面坦开的程度。

3．削球无力

原因：

（1）全身动作不协调，转肩、转体不充分，仅靠手臂击球。

（2）重心太高，站着削球，随挥不充足。

纠正办法：

（1）多做徒手练习，体会转肩、转体带动持拍臂大幅度削击球的感觉。

（2）降低身体重心，身体随着削球动作顺势前移，球拍随球送出完成随挥动作。

小贴士　　反手削球的打法有几种？

反手削球在实战中，根据临场具体情况有不同的运用，主要有三种：

1．砍削：一般是对付对手拉出的弹跳较高的上旋球。此种削球方法，要注意的是拍头要高于击球点较多，拍面相对要接近于与地面垂直，挥击球拍运行轨迹是由后上方向前下方挥击。

2．平削：是采取削击球进攻的一种打法。击球点的高度多选择在腰部高度左右，拍头略高于击球点，拍面稍微仰起一点，球拍运行轨迹主要是由后向前挥动，接近于平击球动作，不同的是平击球是接触球的中上部位，而平削是接触球中后偏下部位。

3．切削：主要是用来防守的手段。此种打法是缓和对手进攻的压力，给自己争取防守还击的时间。拍头要高于击球点，拍面仰起角度稍大，挥击球拍运行轨迹是由后上方向前下方挥动，有向前下方切的感觉，接触球的中下部位置，击出的球向前上方飞起，球速较慢。

二、正、反手基本截击球技术

截击球是网球运动中富冒险性和惊险性的技术。它回球速度快、角度大，一旦得手马上就能得分，在网球比赛中是一种重要的得分手段。主要的截击技术有正、反手基本截击球，正、反手低位截击球，高位截击球和中场截击球等。

（一）握拍

所有截击球都采用大陆式正手握拍法。这是因为在网前短兵相接，根本来不及改变握拍法，而大陆式正手握拍法则能自如地进行各种截击球。

（二）准备姿势

两脚自然开立约同肩宽，重心落在前脚掌上，身体前倾，膝盖稍弯曲，握拍手位置比底线击球准备姿势时要高些，拍头朝前置于胸前，非持拍手扶住拍颈。

（三）正手基本截击球

如图 6-3 所示：科达标准的正手截击球技术。

|（1）|（2）|（3）|

（1）—（2）从准备姿势起，一旦判明对方来球，立即转肩，几乎用不着手臂动作拍子已完成后摆，身体侧向对网。

（3）向前截击时，右脚上步的同时，在体前用短促的动作撞击球。手腕固定握紧球拍，拍头竖起靠近脸部，拍面微微坦开。

|（4）|（5）|（6）|

（4）—（5）触球后，拍子继续向球飞行的方向推送，完成随挥动作。

（6）快速回撤拍子，调整好脚步，准备截接下一个来球。

图 6-3　科达标准的正手截击球技术

（四）反手基本截击球

如图 6-4（1）—（6）所示：拉夫特的反手截击球技术。

(1)　　　　　　　(2)　　　　　　　　(3)　　　　　　　(4)

(1)—(2)从准备姿势起,一旦判明对方来球,立即用左手后拉球拍,同时向左转肩,完成短短的后摆。

(3)—(4)保持拍头向上高于手腕的姿势,朝着来球轨道移动,做好横向侧对网的姿势。

(5)　　　　　　　　　　　　　　(6)

(5)右脚向侧前方上步的同时,挥拍向前对准来球在体前做短促的撞击动作,左手自然地向后展开保持身体平衡。

(6)继续沿击球方向,前送拍子,完成随挥动作。

图 6-4　拉夫特的反手截击球技术

(五)正手高位截击球技术

如图 6-5 所示:著名选手费德勒的高位截击球技术。

当发现来球较高时,立即侧身,将拍子竖起引至比来球稍高的位置;继续上步,朝来球轨迹移动,引拍动作的幅度可大一些,拍面稍坦开;左脚上步的同时,

图 6-5　著名选手费德勒的高位截击球技术

用短促的推压动作将球截回;继续推送球拍,完成截击。并及时收回球拍,准备下一回合的击球。

(六)正手低位截击球技术

如图 6-6 所示:著名选手穆雷的低位截击球技术。

当来球贴网而过需低位截击时,迅速转体侧身,降低重心,将拍子下撤到低位;前脚上步的同时,充分屈膝全身重心降低,像是要钻到球下的感觉,将球拍放到来球飞行轨迹的延长线上;握紧球拍,从后下往前上推送球拍;继续前送拍子,将球截击至对方至场内深处。

图 6-6 著名选手穆雷的低位截击球技术

(七)正对身体来球截击球技术

正对身体来球截击球技术是指球直接飞向身体,没有时间转肩膀,准备好打截击球时的一种打法,多用反手截击球。虽然打反手截击球的动作显得很笨拙,但却是能在最短的时间内做出的回球动作,并能准确地截击来球。

下面是正对腰部(见图 6-7)和面部(见图 6-8)来球截击球的例子。当拍面正对来球时,握拍手在肘部随拍面向外推。

击球是紧握球拍,用手腕和前臂的力量尽力向前扣去,同时保持拍面正对着来球。

图 6-7

若是在面部截击球,应在击球时将身体稍稍向后倾斜。

图 6-8

在这种情况下,根本没时间变换握拍法。如果实在近网截击,准备时就应用大陆式握拍法。

• **学习要点**

(1)采用大陆式握拍法。

(2)尽早做好准备姿势。

(3)身体要保持侧向对网。

(4)尽快地将拍面调整到来球轨迹延长线上。

(5)引拍动作短小。

(6)紧握球拍,固定手腕,竖起拍头。

(7)在体前击球。

(8)击球时要向前跨步,挥拍距离短,击球短促有力。

(9)随挥动作好像是把球向击出方向推送出去一样。

• **常见技术错误及解决办法**

1. 来不及截击球

原因:预判不够,没能提前看清来球线路及过网点。

纠正办法:加强预判,在球未飞过球网前做动作进行截击。

2. 截击不准,控制力差,易失误

原因:挥拍动作过大,尤其是反拍截击挥拍动作过大。

纠正办法:面对墙壁站立,做正反手截击动作,体会短小的挥拍截击动作,在体前完成截击动作。

3. 截击无力

原因:

(1)握拍不紧,拍头低于手腕。

(2)发力方式不对,没有使上"寸劲"。

(3)身体动作配合不够,没有用上身体从后向前的力量,仅用手臂,手腕截击球。

纠正办法:

(1)2人一组网球用截击技术连续轻轻对截,体会拍头朝上的技术动作。

(2)持球拍对空连续击球,体会用"寸劲"击球的方式,在不增加挥拍幅度的情况下,如果发力方式对了的话,球会越打越高。

(3)隔网用手抛球的方式给网前的练习者抛球,要求截击者必须上步迎前截击,体会用身体协调的力量打出有力量的截击球。

【拓展窗口】

莎拉波娃的网前凌空抽球

1. 莎拉波娃在压迫对手后来到中场,她知道自己在圈里最酷的动作是什么——凌空抽击,相比之下,她的网前截击要稍逊一筹。对手打来的是一记过渡球,莎拉波娃采用半开放式站位,眼睛紧盯前上方的来球,与她在底线的正手击球相比,这张图片的准备姿势是左手高、右手低,身体微微后倾,将重心放在右腿,而拍子也在一个比较舒适的高度,过大的引拍会难以掌握击球时机。

图 6-9　莎拉波娃接球准备动作

　　2. 球马上要到达莎拉波娃的击球区域,她开始转动身体,拍头下降,这里再一次向那些举着拍头打球的业余爱好者们证明了:无论球有多么高,降拍头的动作永远不要省略。需要着重看的是她的左手,并没有简单地收于身体左侧,而是向身体的左后方牵引整个身体,提高躯干的旋转速度,这是莎拉波娃正手动作又一独特技术环节。

图 6-10　莎拉波娃独特的正手动作

3. 与上一张图相比,可以很明显看出莎拉波娃自下向上的挥拍轨迹——即使球的高度大大高于球网。由于凌空抽击球不落地,因此比落地击球更难以掌握合适的击球位置,而这恰恰是莎拉波娃做得最好的地方,她的击球点略高于肩部,与球保持比较恰当的距离,动作非常协调,身体重心控制得完美无瑕。

图 6-11　莎拉波娃控制身体重心的方法

4. 凌空截击的首要任务是控制住球的方向以及稳定性,只要掌握好击球时机,借到来球的力量,球速是根本不用担心的问题。莎拉波娃自然地双脚腾空,重心向前移动的势能非常明显。随挥并没有过多地向前,因为已经接近中场了,送多了难免有出界的风险。

图 6-12　莎拉波娃的凌空截击

5. 莎拉波娃的随挥结束于身体左侧,并没有像她大多数底线击球那样绕头转圈。左手的位置被身体挡住,但可以肯定的是它正在等着抓住拍子,尽快为下一次击球做准备。莎拉波娃的左腿落地,完成了身体重心由后向前的转移过程,右腿自然抬起保持身体平衡。

图 6-13　莎拉波娃击球后的姿势

6. 身体略微有些向左倾斜,左膝弯曲,对身体落地所带来的压力进行有效的缓冲。说明击球点还是稍微有些靠近身体,但并不妨碍这一次完美的凌空抽击球。

三、上手发球

发球是网球运动中唯一由自己掌握,不受对方水平高低影响的重要技术,也是评价运动员水平高低的主要标志之一。发球有平击发球和旋转发球两类,旋转发球又分为三种:切削发球、侧上发球和上旋发球。

发球由握拍法、持球、准备姿势、抛球和挥拍击球等环节组成。由于运动者个体身高、力量、年龄的不同,每个人均可以找到适合自身特点的发球动作,只要掌握好发球技术的主要环节,就能练就一手好发球。

(一)握拍法

发球一般宜采用大陆式握拍法,但初学者开始学习平击发球时,可采用东方式握拍法,当手腕力量增强,发球动作熟练后,再转换成大陆式握拍法。

(二)持球

最好一手拿两个球,如果第一发球失误即可再发,不会因为找第二个球而破坏发球的节奏;也可以持一只球发球,将另一只球放在裤兜里或是夹在球夹上。用拇指、中指和食指持一球,用无名指、小指和大鱼际持另一只,用力要轻,不费劲就能把球从手中拿走。

(三)发球准备姿势

如图 6-14 所示:西班牙选手费雷罗发球准备姿势。

在端线后自然、放松地站立,两脚分开与肩同宽,前脚踝与端线约成 45 度角,重心落在后脚上,肩侧对球网,前脚与端线保持 10 厘米左右的距离,右手持拍置于腰部高度,左手持球自然靠近拍面。

图 6-14　西班牙选手费雷罗发球准备姿势　　图 6-15　西班牙选手纳达尔抛球瞬间

(四)抛球

如图 6-15 所示:西班牙选手纳达尔抛球瞬间。

发好球的关键是抛球,即要把球抛到你可以最有效地击出去的那一点上。抛球其实不是一个抛掷动作,而是一个"释放"球的动作,抛球臂直臂向上抬起的同时,逐渐地抬平手腕,利用手臂向上的惯性使球平缓地离开手指,将球抛向目标处。平击发球的抛球点应在前额偏右侧上方,球落下时,在端线内 50~80 厘米处。切削发球的抛球点在平击发球抛球点的右侧,球落下时,在端线内 30 厘米左右处。侧上发球的抛球点在平击发球抛球点的左侧,球落下时,在靠近端线处。上旋发球的抛球点在头顶的后上方。抛球的高度应比你能用球拍击到球的高度高出 30 厘米左右为宜。

(五)上手平击发球

世界上发球速度最快的选手是谁呢?现在是卡洛维奇。克罗地亚人卡洛维奇的最新最快一记发球达到 251 千米/小时,打破了美国人安迪—罗迪克 249 千米/小时的前纪录。后者的纪录是在 2004 年戴维斯杯美国队与白俄罗斯队的比赛中创造的。大多数男子选手的平均时速达到了 175 千米,那些"大炮"们（鲁塞德斯基、伊万尼塞维奇、菲利普西斯、桑普拉斯、萨芬、哈斯、恩奎斯特……），他们一发的平均时速更是高达 190 千米,他们二发的平均时速都有 175 千米。而大多数女选手的一发时速在 160～150 千米,像达文波特、威廉姆斯的一发时速也达到了 175～190 千米之间。而绝大部分的高速一发球均出自平击发球。

如图 6-16 所示：莎拉波娃平击发球技术。

（1）从准备姿势起,双手同时向前腿膝部移下,之后持球手臂在体前直线向上抬起抛球,握拍手稍后将拍子向后方挥举。

（2）将球抛到比击球点稍高的位置处,抛球手仍保持向上的姿势,抬头看球。

（3）转肩抬肘使拍头垂于背后呈"搔背"状态,身体成背弓状,以肘关节起动发力,伸直肘关节挥拍击球,用拍子的正面在最高点击球的后上部。

（4）击球的瞬间,附加向前的扣腕动作以增加球速,左手自然回落抱于腹前。

（5）击球后，拍子跟随球飞行的方向做随挥动作。

（6）继续随挥，将拍子挥向身体左侧身后，右脚顺势上步，维持身体平衡。

图 6-16　莎拉波娃平击发球技术

如图 6-17 所示：罗迪克大力平击发球技术。

（1）常规的准备动作，第一眼，人们不以为然。但请仔细观察罗迪克的握拍：拇指与食指轻轻钩住拍柄，其他三个指头却全部松开，这种握乐器般的手法足以证明罗迪克发球前，手臂有多么放松。当然了，放松对于产生拍头速度自然是好事。两脚平行球网，双肩则指向网柱，他通过站位为接下来的转体储备了能量。

（2）继续转体，重心开始下降。罗迪克屈膝的角度非常大，大腿与小腿之间几乎达到了 90 度。双脚都是前脚掌撑地，充分的向前顶髋，以保证旋转轴的稳定，同时上体开始后仰。到此，全部蓄力就绪，能量即将逐层释放。

（3）"火箭"已经点火，现在回过头来比较从第（1）幅图到第（4）幅图罗迪克的脚下。你会发现，他后脚的脚跟自始至终都是离开地面的，有别于其他优秀发球手，表明罗迪克在整个拉拍过程中，身体重心从没转移到后脚过。现在，罗迪克的上身继续后仰，拍头开始下倒。

（4）这是世界上独一无二的一幅图，独一无二的人，能做的独一无二的一个动作：挠背瞬间，前臂与中垂线的夹角几乎达到了 130 度。这是费德勒等众多高手也无法做到的（他们大都在 90 度左右）。研究表明，这样的夹角每增加 1 度，球速就会增加 1.6 千米。

（5）上一幅图，是罗迪克绝佳身体柔韧性的展现，事实上，在从图（5）到图（6）之间，罗迪克还展示了完美的发力顺序：快要击到球，大小臂接近伸直时，小臂与手腕却依然保持 90 度。这是击球瞬间，双肩连线近乎垂直地面，正是高水平男子发球"车轮效应"的最好示范。

（6）罗迪克高高跃起，足见这次发球腿蹬地的效果。注意看罗迪克的嘴，从抛球直到最后手腕的用力结束，整个过程中，他都是闭住呼气的。有些业余选手却习惯在刚一碰球时就松了憋住的气。生理学上讲，憋气助于发力。

（7）很明显，罗迪克上体产生了强大的向前的冲击力。现在不得不高高向后翘起右脚，并竭力向上抬起头部，以此来维持身体平衡。整个发球过于猛烈地跳跃腾空，对于这次发球的力量而言，的确有益，然而，若要实施发球上网，就会牺牲随球上网的连贯性。

图6-17 罗迪克大力平击发球技术

• 学习要点

（1）用大陆式握拍法，且握拍要放松。

（2）身体、肩、背、手臂、持球手充分放松，积聚发球的力量。

（3）抛球动作要简洁，直臂向上抛球，当抛球完成后，抛球手指尖的位置应在与前脚脚趾垂直的连线上。

（4）抛球手在球离手后，仍要保持向上伸直的姿势，使身体左侧形成一堵"墙"，给挥拍击球的发力提供强有力的支撑，使得发球稳定用力。

（5）抛球、引拍、挥拍击球要按自己的节奏进行，掌握好挥拍发力的顺序，重心前移—肘关节—手腕—球拍拍柄—拍头，整个发球动作是前慢后快、前放松后加力的过程。

（6）合理、充分地运用全身的力量，特别是下肢蹬伸的力量发球。

（7）击球后，拍子随着球飞行的方向做大幅向前推送的动作。

（8）将拍子挥过身体正中线，完成随挥动作。

• 常见技术错误及纠正方法

1. 抛球不准、不稳

原因：

（1）过多地使用手腕手指的力量，抛球时有勾手现象，没有直臂摆送。

（2）球离手太早。

纠正办法：

（1）抛球手臂上举时注意做抬平手腕动作。

（2）让球在抛球手臂上举接近最高处的位置离开手。

（3）在地面设标志，让抛出的球自由落体到标志处。

2. 发球下网

原因：

（1）击球点太低，肘关节拖在下面。

（2）低头，眼睛没盯住球，使收胸收腹太早。

（3）击球点太靠前。

纠正办法：

（1）站在树下，找准一条高度适合的树枝，对准目标做挥拍练习，体会在最高点击球的感觉。

（2）当球离开抛球手后，抛球手适当保持球离手时的状态，不要马上放下，便于抬头看球。

（3）根据自身的身高，调整抛球点的位置，将球抛的靠后些。

3. 发球出界

原因：

（1）击球点太后。

（2）击球时机不对，触球时挥拍轨迹不对，拍头处于从低处往高处挥动的状态中。

纠正办法：

（1）根据自身的身高，调整抛球点的位置，将球抛的靠前些。

（2）持拍练习挥拍动作，体会从头后部往上挥拍做鞭打动作的感觉。

4. 发球无力

原因：

（1）动作不协调，仅用手臂挥拍击球。

（2）引拍时肘部没有弯曲，直臂勾手发球。

纠正办法：

（1）全身协调发力，按照发力的顺序将动作做顺畅。

（2）放松手臂，击球前将手臂抬起后让拍头自然下垂后再击球。

第二节　中级水平基础战术

在中级水平基础战术中我们介绍的是双打战术。双打是网球运动中的一个重要项目，和单打比赛一样具有悠久的历史。无论是在四大网球公开赛、戴维斯杯、联合会杯比赛，还是在业余比赛中，双打都占有重要的位置。在网球发达国家，双打比赛更是五花八门，除了各年龄组的比赛，还专门设有父子、母女、兄弟、姐妹的双打比赛及母子、父女的混合双打比赛，参加者异常活跃。

双打可以充分利用场地，四个人分队比赛，既切磋了球艺，又增加了情趣。经常进行比赛还能培养容忍、信任和协作的团队精神，促进交流，增进彼此间的友谊。

网球双打与单打的技、战术特点截然不同,双打对某些方面的技术要求很高,如发球、接发球水平,场上反应判断能力,冷静处理网前球的能力,进攻及防守反击的能力等。战术上双打讲究整体的配合与反配合,配合一方面是意识上的,另一方面则是技术上的取长补短,当一对选手能把这两方面有效结合,那么这对选手的实力将大大超过两个人单打实力的总和;反之,两个单打高手配合也不一定能成为双打高手。对初学者来说,个人技术的不熟练是可以通过合理的双打战术来互补的。要进行双打比赛,就要了解和掌握双打的技战术特点,它与单打的明显区别是:节奏快、场地大、人数多、击球的路线和落点有所不同,网前争夺更加激烈,谁控制了网前制高点谁就有更多的进攻得分机会。

一、双打战术

双打中的战术主要有:一网前一底线战术、双上网战术和双底线战术三种。

(一) 双打的战术和站位

双打比赛中"站位"是非常关键的一个环节,同伴应尽量避免站在同一层面上,交错站位使二人分别形成有层次感的两道防守屏障。在此基础上应加强积极补位的意识。二人均衡地分布在对方可能来球的角度范围内,不给对手留出空档。图中所示是发球方与接发球方几种双打站位法。

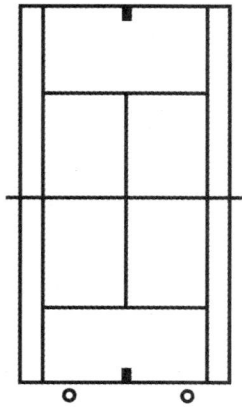

1. 一网前一底线战术和站位

(1)前后站位:同伴站在网前,发球员在端线处;同样接发球员在端线,同伴站在网前。这样的站位法是最常用的站位方式,通常在一人网前技术好,而另一人底线技术好时采用(如图 6-18 所示)。

(2)一网前一底线战术:是同伴站在网前,发球员发完球后留在端线处与对手周旋;同样接发球方也可采用此战术。

2. 双上网战术和站位

(1)站位:双上网战术的站位和一网前一底线战术的前后站位法完全相同(如图 6-19 所示)。

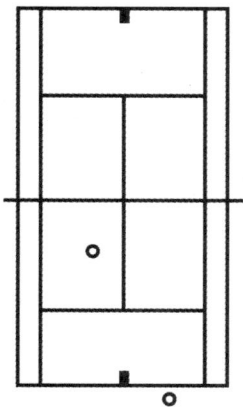

图 6-18　双上网战术站位　　　　图 6-19　一网前一底线战术

（2）双上网战术：同伴站在网前，发球员发球后立即上网的战术；或是接发球员同伴站在网前，接发球员接完发球后立即上网的战术。

3．双底线战术和站位

（1）双底线站位：是同伴站在端线，发球员发完球后也留在端线的站位法；同样接发球方也可采用此战术（如图6-19所示）。

（2）双底线战术：网前信心与技术不足但底线技术出众的选手多使用双底线战术。

（二）双打基本配合

双打需要两个队员配合默契，如果能把两个人的长处结合起来，就能达到很高的水平。双打的根本原则是两个人如同一个整体，无论何时都要并肩战斗，移动要一致，相互间始终保持在3.5米左右的距离。可以将双打球员想象成两个人被一根松弛的绳子联结，这根绳子使二人一块向前、向后、向左、向右移动。由于双打战术灵活机动，变化多端，无论是在高水平的对攻战还是在中低水平的攻防中，能做到瞬间默契配合是很不容易的事，而这一点恰恰是双打战术的突出特点，是双打战术成功的关键。而"默契配合"是建立在两人相互了解和信任基础上的，是通过长期的练习而产生的。好的双打应紧密合作相辅相成；在场上有呼有应，打出气势，即使因实力不如对手而失败，两人的合作也是愉快的。对同伴出现的失误不能表示不满或互相埋怨，否则对比赛的控制是非常不利的，二人之间的相互鼓励有助于比赛朝好的方向发展。让我们体验双打中的乐趣，同时为同伴鼓掌吧！

1．发球的配合

双打的发球以旋转和落点为主，因为相对单打每个人需要控制的面积缩小，接发球抢攻直接得分的机会相对较少，没必要死拼发球。发球前一定要让同伴了解自己发球的落点，以便同伴做好抢网的准备。双打比赛比单打更注重一发成功率，落点以内角和中路居多，迫使对手无法击出大角度的回球，有利于同伴网前截击得分。

2．接发球的配合

双打接发球的难度比单打大，本已处于被动状态，对方又有一名队员在网前，接发球很容易被截击，故接发球者的同伴应注意加强保护。当然接发球时要是能主动进攻，向前逼近，会给发球者造成心理压力，从而转被动为主动，瓦解发球方的优势。接发球最好的选择是打斜线球，如果发球方抢网很凶的话，可通过打直线牵制对手抢网。当发觉对手已形成双上网的阵势，最佳选择就是将球击向对手中路的脚下，这是让双上网方最不舒服的地方。接发球理想的路线是：

（1）打直线穿越网前者或对准网前者抽球。

（2）打中路球。

（3）打发上者的脚下球。

（4）挑高球过网前者头顶。

3. 协同防守

如果同伴出现十分被动的局面,要给予支持和援助。当同伴被迫挑高球时,自己要立刻后退,形成共同防御的态势;如果同伴被拉出边线,自己要立即向同伴靠近,封住对手主要击球线路。否则,在自己与同伴之间会留下很大的空档,使对手很容易打出破网球。

4. 网前的配合

双打比赛中,经常会看到双方在网前用快速的截击球互相对攻的场面。为了控制网前,练习者除了要有良好判断、熟练的脚步、快速的反应和稳定的截击技术外,还要一起进退,共同筑起网前围墙。网前拦网应根据对手站位情况拦至对方上网者的脚下或空档之处。

5. 抢网战术

(1) 发球前要做出是否抢网的决定:抢网是指网前者突然横向或向斜前方移动,拦截正常管辖区域之外的来球。它要求网前者有敏捷的思维、准确的判断及快速的步法,并需事先和同伴用暗号或语言交流商定。需注意的是,不能让对手猜透你的意图,而且一旦做出决定就应坚决贯彻到比赛中。

(2) 抢网时机:抢网时,要求判断准确、移动及时,应在对手击球的一瞬间起动,不能提前移动,把自己的意图暴露给对手,否则会让对手轻易得分。

(3) 抢网击球路线:抢网的最佳击球路线首选是对手之间的空档处,其次是对方网前者的脚下,这样的球往往使对手很难防守,即使不能直接得分,也使对手无法发动进攻而破坏他的节奏。

(4) 防守空档区域:当网前者抢网时,在积极进攻的同时,也容易造成防守的失衡,因此,发球员要及时补位,补防同伴因抢网而出现的空档,维持攻守平衡。

• **打好双打的要点**

(1) 一发的成功率。

(2) 良好的接发球技术。

(3) 主动占据网前位置。

(4) 打对方空档。

(5) 二人一起向前、一起后退,一起左、右移动防守。

(6) 迫使对方后退。

(7) 高质量的挑高球。

第三节　网球运动专项素质和基本技术练习方法

一、专项身体素质练习方法

身体素质作为体能的外在表现,是指个体的形态和机能的综合表现能力。

网球专项所需的身体素质包括：速度、力量、耐力、灵敏和柔韧素质等。不同水平的运动员,应根据自身特点和练习目的,合理地选择训练方法和强度。

(一) 发展速度素质的练习方法

网球运动中,运动员需要迅速判断来球,跑动、击球,速度的快慢是影响击球效果的重要因素。反应速度、启动速度、移动速度、挥拍速度、击球动作间的连接速度等是网球运动中所必需的速度,也是运动员取得好成绩应具备的条件。因此,发展速度素质是非常重要的。

1. 短距离冲刺跑

练习目的：提高短距离快速跑动能力。

练习方法：在 10 米、20 米、30 米距离听信号快速跑,每次练习 4～5 组。

2. "绳梯"跑接加速跑

练习目的：提高快速移动和加速能力。

练习方法(1)：用不同的方式(前进、后退、交叉步等)通过绳子做成的软梯后,迅速加速跑 10 米,练习 4～5 次(如图 6-20 所示)。

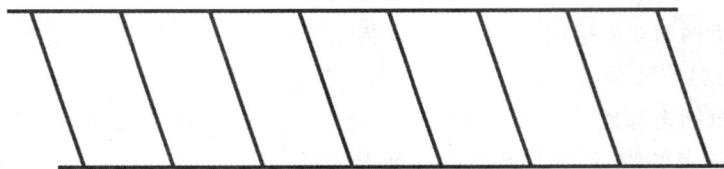

图 6-20　绳梯练习

练习方法(2)：将两个绳梯相距 15～30 厘米平行放置,练习者从一端起步,要求身体尽量靠近两梯间的中线,保持低重心(如图 6-21、6-22 所示)。

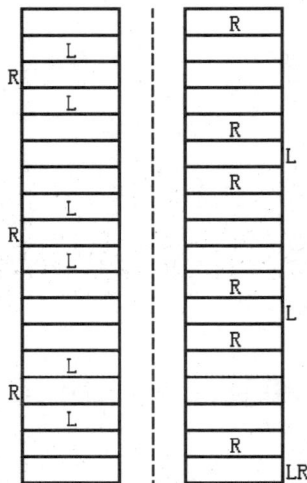

图 6-21　绳梯练习方法示意一　　　图 6-22　绳梯练习方法示意二

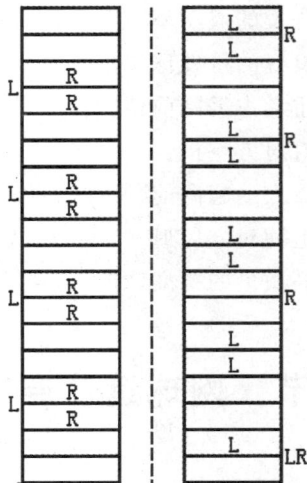

注：L-左脚,R-右脚。

3. 触摸"网球"练习

练习目的：提高启动速度和转身变向移动能力。

练习方法：在网球场中摆放三个网球，间隔约 5 米，练习者站在中间，听信号开始练习，要求用跑步或侧交叉步在三个网球之间循回移动，并用左、右手交替触摸网球，重复练习 2～3 次（如图 6-23 所示）。

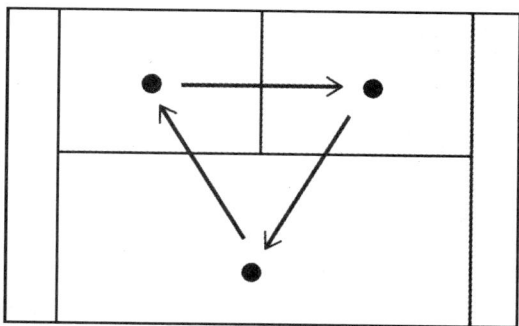

图 6-23　触摸"网球"练习

4. 循环跑练习

练习目的：提高反应速度和快速移动能力。

练习方法（1）：练习者从"1"号位开始，采用侧身跑到达"2"号位，再向前冲刺跑到达"3"号位，又采用侧身跑到达"4"号位，最后用冲刺跑返回"1"号位。重复练习 2～3 次（如图 6-24 所示）。

练习方法（2）：练习者从"1"号位开始，采用小碎步跑到"2"号位，再向前冲刺跑到"4"号位，又采用小碎步跑到"3"号位，再向前冲刺跑返回"1"号位，重复练习 2～3 次（如图 6-24 所示）。

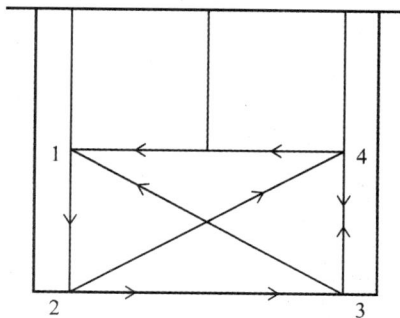

图 6-24　循环跑练

5. "Z"字形移动挥拍练习

练习目的：提高移动速度和挥拍速度。

练习方法：在网球场内用网球摆放成"Z"字形练习场地，练习者手持球拍快速跑向每个球点，并用快节奏的小碎步调整人和球的距离，然后做快速挥拍击球动作。重复练习 2～3 组（如图 6-25 所示）。

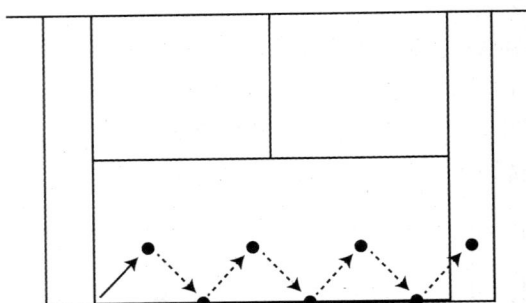

图 6-25　"Z"字形移动挥拍练习

6."十字"变向跑练习

练习目的：提高反应速度和变向跑能力。

练习方法：练习者站在中心位置，做好准备姿势，根据教练员的手势指挥向前或向后，向左或向右移动，并用手触线后返回中心位置，再看教练员的第二个手势移动，直到每个方向都移动一次为止。采用计时的方式比较多名练习者的速度。如图 6-26 所示：

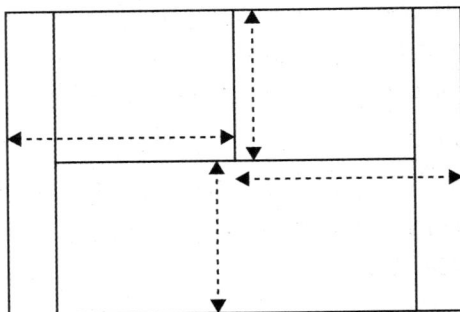

图 6-26　"十字"变向跑练习

7."六点"移动练习

练习目的：提高球场内多点移动的能力。

练习方法：在网球场内四个角和边线的中点处放置六个装网球的盒子，O点放置六个网球，练习者从 O 点开始练习，每次拿一个球跑到其中的一点将网球放到盒内，再返回 O 点，再拿下一个球放到另一个球盒，将六个球分别放到六个盒内后，再使用同样的方法将放进盒内的球一个一个捡回放到 O 点为止，采用计时的方式进行练习。如图 6-27 所示。

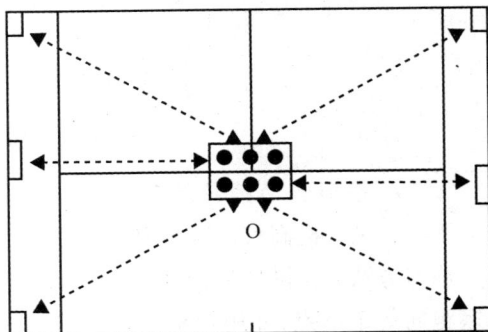

图 6-27　"六点"移动练习

（二）发展力量素质的练习方法

力量素质是其他身体素质的基础,是网球运动员必备的身体素质之一。发球、抽球、高压球、拦截球等都需要良好的力量素质。在网球实战中,各种技战术是以全身协调用力来完成的,因此,协调地发展全身各部分的力量是非常必要的。

1. 双手头上掷实心球

练习目的:发展肩部、臂部肌肉群速度力量,有利于提高发球时的挥臂力量。

练习方法:两人一组相对站立,间距约4～6米,稍微屈膝,双手持实心球于脑后,进行连续对传实心球练习,每组练习30次,共练习3～5组。

2. 体侧抛实心球

练习目的:发展下肢、髋部、躯干两侧、肩部和上肢的速度爆发力,有利于提高正、反手抽球时的挥拍速度。

练习方法:双手持球屈膝、转体,使身体形成"扭紧"姿势,双脚用力蹬地、送髋、转体和挥臂,模拟正手和反手击球的动作将球抛出,重复练习(全身自下而上用力,迅猛完成动作)。

3. 转体拾实心球

练习目的:发展腹外斜肌力量,有利于提高发球和正、反手击球时的转体用力。

练习方法:将实心球置于练习者脚后跟处,练习者从直立开始,通过转体用双手将球拾起,并从身体另一侧将球放回原处,练习者双脚保持不动,重复练习10～15次。

4. 单手掷实心球

练习目的:发展肩部、臂部、胸部等力量,有利于提高发球和打高压球时的转体用力。

练习方法:单手持实心球于肩后上方,另一只手自然直臂斜上举,两脚前后开立,上体和持球手后仰,然后将球从头上掷出,重复练习10～15次。

5. 双手胸前推实心球

练习目的:发展肱三头肌、胸大肌和手指、手腕力量,有利于提高发球时肱三头肌和胸大肌的伸展能力,也利于截击球时手腕用力。

练习方法:双手持实心球在胸前,两肘外展,屈膝半蹲,腰背保持直立,双脚用力蹬地跳起,同时将球向前推出。

6. 竖直向上抛实心球

练习目的:发展下肢爆发力。

练习方法:两脚平行站立与肩同宽,双手持实心球于体前,在大腿之间托住球,半蹲,上体保持正直,两脚用力蹬地向上抛球,身体尽可能保持拉伸姿势,将球抛得越高越好,每组 5 次,共 2~3 组(练习中要注意安全)。

7. 仰卧起坐接转体

练习目的:发展腹肌和腹外斜肌力量,有助于发球时收腹体的用了及其他击球动作的转体用力。

练习方法:仰卧,两手抱头,上体前屈,同时,用左肘触右大腿,紧接着完成同样的动作,用右肘触左大腿,每组练习 30~50 次,每次练习 3~5 组。

8. 持哑铃屈伸手腕

练习目的:发展手腕力量,有利于截击和发球时的用力。

练习方法(1):持拍手掌心朝上或下握住哑铃,另一只手握住小臂使手腕固定,手臂不动,依靠手腕的力量,做手腕屈伸练习 20~30 次,重复练习 3~5 组。

练习方法(2):持拍手手掌竖直握住哑铃,掌心朝向身体内侧,手臂不动,依靠手腕力量,做手腕上下屈伸练习 20~30 次,重复练习 3~5 组。

练习方法(3):持拍手握住哑铃后摆,完全置于身体后方不动,向上屈腕,依靠手腕力量将哑铃竖起,重复练习 8~10 次。

练习方法(4):持拍手竖直握住哑铃,手臂前伸,另一只手握住小臂使手腕固定,依靠手腕内旋和外旋将哑铃向左右转动,重复练习 8~10 次。

9. 俯卧撑

练习目的:发展手指、手腕、上肢力量和胸部力量。

练习方法:用手掌或手指撑地完成俯卧撑动作,每次练习 3~5 组,每组做到极限。

10. 杠铃练习

练习目的:发展下肢力量,建立良好的网球运动力量基础。

练习方法(1):采用半蹲的方式练习大腿的力量,运动负荷要循序渐进。

练习方法(2):采用全蹲的方式练习大腿的力量,运动负荷要循序渐进。

练习方法(3):采用提踵的方式练习小腿和脚踝的力量,运动负荷要循序渐进。

(三)发展耐力素质练习方法

在长时间、高强度的网球比赛中,要始终保持旺盛的精力、快速的步法移动和精确有力的击球,发挥出较高的技战术水平取得比赛胜利,耐力素质是至关重要的因素。网球比赛要求有很高的技巧性和精确性,运动员的移动节奏是无规律、不定向的。因此,耐力训练时结合网球技术采用多样性和综合性的练习方法十分重要。

1. 碰线移动

练习目的:提高转身能力和速度耐力。

练习方法:从双打边线开始,跑至单打边线并用手触摸,然后返回并用同一只手触双打边线,再跑至中线并换另一只手触摸,然后返回,直至依次触摸完成另外两条单打和双打边线并返回起点,紧接着重复以上练习两次为一组。每次练习由教练员计时,争取在最短的时间内完成练习(如图 6-28 所示)。

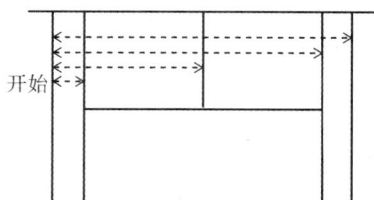

图 6-28　碰线移动练习

2．"8"点折返跑

练习目的：提高速度耐力。

练习方法：从"O"点开始跑至"1"点触摸标志物返回,再跑向"2"点触摸标志物返回,直至完成触摸 8 个标志物返回,每次练习由教练员计时,争取在最短的时间内完成练习(如图 6-29 所示)。

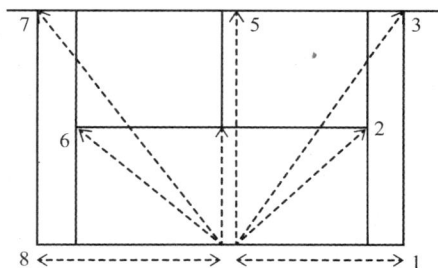

图 6-29　"8"点折返跑练习

3．接抛球练习

练习目的：提高左右移动的速度耐力。

练习方法：练习者站在中点处,教练员站在"△"点。练习者根据教练员抛出的不同方向的球,迅速将球接住,并将球递还到教练员手中。抛出的球速度和方向应不断变化,以提高练习者的移动变化能力。每组接 20～25 个球,每次练习 3～5 组(如图 6-30 所示)。

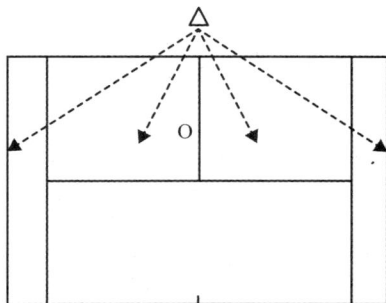

图 6-30　接抛球练习

4. "米"字形跑动挥拍练习

练习目的：提高步法移动，发展专项耐力素质。

练习方法：练习者由"0"点开始向"1"跑动并在该标志位置做挥拍击球动作，然后跑回"0"点再向下一标志"2"跑动并做挥拍击球动作后返回"0"点。依次进行，直至从8处返回"0"点（如图6-31所示）。

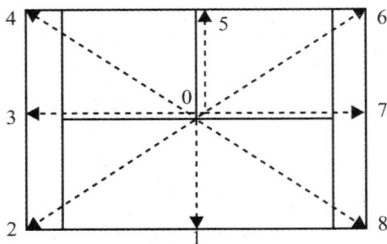

图6-31 "米"字形跑动挥拍练习

（四）发展灵敏素质练习方法

网球运动是一项全身协调的运动，运动员需要及早预判球的落点，并通过快速反应和移动，协调、准确地采用合理的方式在复杂多变的情况下完成各种击球动作。灵敏素质是力量、反应能力、速度、协调性等素质的综合反映。因此，灵敏素质训练是网球运动员必不可少的身体素质训练之一。

1. 立卧撑

练习目的：提高上、下肢及全身协调配合用力。

练习方法：练习者原地站立，然后下蹲，双手撑地，两腿向后伸直，再收腿成下蹲，双手离地，站立，连续做20～30次为一组，每次练习3～4组。

要求：用最短的时间完成规定的动作。

2. 抓球练习

练习目的：提高手和眼睛的协调配合能力。

练习方法：教练员和练习者面对面站立，教练员伸直手臂前平举，双手各握一球，掌心向下。练习者将双手举在头部两侧，眼睛与球保持在同一高度上，教练员随意松开一只手使球下落，练习者在球落地前将其抓住。

要求：教练员右手放球，练习者用左手抓球，教练员左手放球，则练习者用右手抓球。若提高练习难度，可以在练习中要求练习者同时抓住两个下落的球，每次重复练习8～12次。

3. "六边形"跳跃

练习目的：提高踝关节力量和灵敏性。

练习方法：用粉笔在场地内画出一个边长为40厘米的"六边形"，练习者站在"六边形"的中间，依次跳上穴边形的每一条边线，并保持身体的方向不变。可以采用单脚或双脚跳，顺时针方向和逆时针方向各跳2组。

要求：尽量用踝关节发力完成跳跃动作。

4．绕球移动

练习目的：提高脚步的灵敏性。

练习方法（1）：将一个网球放在地上，练习者围绕网球采用小碎步转圈移动，先顺时针方向练习，再逆时针方向练习。

要求：练习时脚不允许触球，身体始终向前。

练习方法（2）：将两个网球放在地上，间隔两个脚长。练习者采用小碎步围绕两个网球做8字移动。

要求：练习时脚不允许触球。

5．对墙接球练习

练习目的：提高手、脚协调运动的能力。

练习方法：两人一组，一人面对墙站立，距墙3～4米，另一人持球站在其身后并对墙掷出不同方向的球，前面的人在球落地前接住球后迅速转体180度将球传给后面的人，1分钟为一组，两人交换进行。

要求：站在后面的练习者在掷球时要掌握好力度、方向和节奏。

6．跳障碍练习

练习目的：提高反应能力。

练习方法（1）：在网球场内直线摆放数个网球，每球的间距相等约35厘米，采用单脚、双脚、左右脚交换、单双脚交换等方法做连续有节奏的跳跃（如图6-32所示）。

图6-32　跳障碍练习方法一

练习方法（2）：在网球场内直线摆放数个间距为30厘米和50厘米的网球，练习者用双脚不间断地完成向前或向上跳跃练习。

要求：控制好身体平衡和节奏，依次跳出远度和高度，每次练习5～7组（如图6-33所示）。

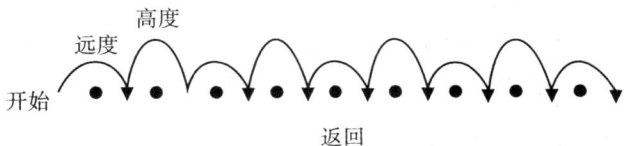

图6-33　跳障碍练习方法二

（五）发展柔韧素质练习方法

柔韧是指人体各关节活动的幅度大小、肌肉和韧带伸展的长短等。如果运动员柔韧性差,动作就显得僵硬不协调,甚至难以完成有一定难度的动作,良好的柔韧性还能减少运动中的损伤,因此,柔韧素质在网球运动中也是十分重要的一项素质。

1."握毛巾翻肩"

练习目的:发展肩部柔韧性。

练习方法:双手握住毛巾两端,双臂由前向上、向后翻转至身后,然后再由后向上、向前翻回。每一次反复练习6～8次。

2. 握拍拉肩

练习目的:发展肩关节伸展性。

练习方法:练习者一只手握住拍柄,另一只手抓住拍框顶部,向左、右、后侧拉伸,两手交换进行练习。

3. 手臂绕环

练习目的:发展肩关节柔韧性。

练习方法:双臂伸直向前、后或一前一后绕环。

4. 双人压肩

练习目的:发展肩、背部柔韧性。

练习方法:两人距离约2米面对面分腿站立,两人双臂相互搭在对方的肩上体前屈,做上体同时下振动作,拉伸肩、背部肌肉、韧带。腿不能弯曲。

5. 并腿体前屈

练习目的:发展腿部及腰、背部柔韧性。

练习方法:两脚开立,两手握住踝关节,上体下沉,沉到一定程度时,上体贴住两腿控制15秒。

6. 体后屈

练习目的:发展腰、背部柔韧性。

练习方法:两脚开立,上体后屈,脚跟提起,双手触脚跟使身体成"满弓"姿势,然后还原成直立。要求:反复练习,后屈时展腹,并维持好身体平衡,每次练习8～10次。

7. 弓箭步跳跃

练习目的:拉伸大腿后肌群。

练习方法:以两脚大幅度前后分开的弓箭步姿势开始,保持上体不左右晃动,两脚交替进行弓箭步跳跃练习,每次重复20～30次。

二、网球运动基本技术练习方法

(一)单手反手削球练习

1. 持拍挥拍练习

观看教练的削球示范,按照削球的正确动作要求,做徒手模仿挥拍练习。

2．对镜子进行挥拍练习

面对镜子进行削球动作练习,通过镜子检查自己引拍的高度、削球点的位置以及随挥动作完成的位置。反复的进行挥拍练习,巩固和熟练削球技术。

3．两人一组定点练习或者自抛自练

站在底线位置,一名同学抛球,另一名同学进行削球练习。练习者根据球的高度调整自己的击球位置,体会有球时的身体动作和感觉。抛球同学可以调整抛球高度,一方练习完后换另一个方。

4．对墙练习

与墙保持一段距离,大约 10 米左右,进行削球练习。

5．两人固定位置削球练习

一个人站在网前喂球,一个人站在底线练习削球,该练习锻炼练习者对来球的判断与找好击球点与击球时机,所以练习时脚步要小碎步进行调整,不能原地不动。

6．两人不固定位置练习

一个人站在网前用球拍喂多球,另一个人站在底线中间进行削多球练习。

（二）正、反手基本截击球练习方法

1．对镜练习

结合步法练习正手和反手截击动作,注意动作的规范性。

2．对墙练习

2 米左右,直接与墙进行正手和反手截击练习。随着熟练程度的提高,逐渐与墙拉开距离,进行正反手截击练习。

3．两人截击练习

两人在网前相距 3 米左右,进行直线的连续正手截击练习。然后再进行反手直线截击练习,距离可适当拉开。

4．教练在发球线后送多球练习

让练习者分别进行定点的正手截击和定点反手截击练习。要求分别打到指定的目标区域内。

5．多回合的直线截击球练习

教练则在底线击球,练习者互网前截击直线球,教练将球回击到网前,练习者则再将球截击过网。

6．教练在右中后场分别送不同方向的球

练习者跑上前把球截击到左侧固定区域;教练在左中后场分别喂送不同方向的球,练习者把球截击到右侧固定区域。

7．教练在同侧底线送多球练习

练习者在右侧截击直线球后,速移动触摸左侧标志物,随即再回到右侧截击斜线球。

8. 两人站在底线或两人站在网前,连续交替截击练习

采取碰到直线球的练习者以斜线球回击,碰到斜线球的练习者以直线球回击的练习方法。然后,让打直线球的练习者与打斜线球的练习者交换练习。

（三）正、反手高位截击球练习方法

1. 正、反手高位网前练习

队员在发球线一边站成一排(黑点),教练员(三角形)在另一边发球线处,送球至中线和发球线附近区域(虚线),高度超过队员头顶,队员上前对目标(白点)打凌空反手高位截击球(直线),然后继续前移;教练员再送一球至网前靠近右侧边线(点虚线),队员再对目标(白点)打网前凌空正手高位截击球(曲线)。然后回到队尾等候。该练习主要是训练队员在网前移动中控制角度和打网前边远球的能力(如图 6-34 所示)。

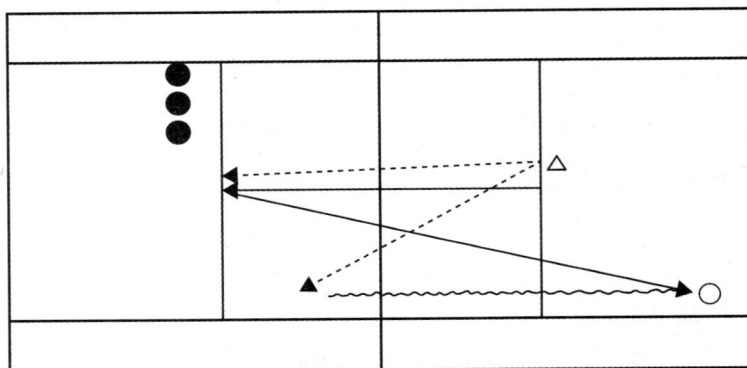

图 6-34　正反手高位网前练习

2. 网前打点练习

教练员从底线附近(三角形),送球至中线和发球线附近区域(虚线),高度超过队员头顶,队员在网前(黑点)移动(曲线),对准 4 个目标(1～4 号方块)凌空正手或反手高位截击球击球,每击中一个目标得一分,满 10 分轮换队员(如图 6-35 所示)。

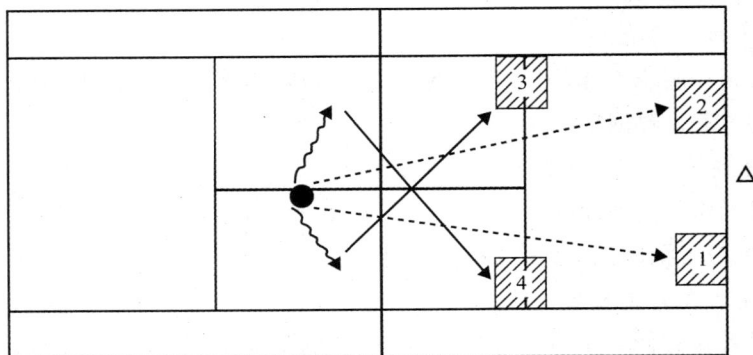

图 6-35　网前打点练习

（四）正、反手低位截击球练习方法

参照前面正、反手高位截击球练习方法。要求教练员送的球贴网而过。

（五）正对身体来球截击球练习方法

参照前面正、反手高位截击球练习方法。要求教练员送的球直接飞向练习者身体。

（六）上手发球练习方法

1. 抛球练习

（1）抛球时左脚尖朝侧前方，并把球拍框放在脚尖侧前方，球抛向空中后落点拍框内。

（2）在树下练习抛球，持拍手上举，找到一高度合适的树叶，对着树叶抛球。

（3）结合完整发球动作抛球，但不挥拍击球。

2. 发球练习

（1）手抛球练习。站在发球线之后，用发球动作将球投掷向发球区，体会手臂和身体流畅的发力动作。

（2）站在发球横线之后，直接举起球拍，然后抛球，将球发进发球区。

（3）退到底线和发球线之间的位置，用完整的发球动作练习发球。

（4）在底线后，按分解动作的要求练习发球。

（5）完整动作练习。"1"完成抛球、引拍和举拍；"2"搔背重心下降；"3"脚蹬地挥拍击球；"4"球拍挥动到左边完成随球动作。

（6）掌握发球技术后，进行提高发球命中率和准确性的练习。准备一些球，在对方的发球区内设定目标，进行发球练习，将球发向目标；不断轮换左右区进行练习。

注意事项：初学发球时，首先不要发力，不要企图像职业选手那样打出势大力沉炮弹般的发球。将练习的重点放在左右手的配合、抛球位置和击球时机上。直至能够将球发进目标区域，并且动作流畅之后，再慢慢加力练习。

思考题

1. 试述正手抽球与反手削球的异同点。

2. 试述截击球的战略思路。

3. 简析网球双打比赛的站位与战术采用的关系。

第七章　大学网球高级水平教学内容

◎**本章导读**

　　本章详细讲解了网球高级水平基本技术、基本战术、网球运动专项素质基础和基本技术练习方法、大学网球高级水平考试内容与评价方法等内容。教材针对网球高级水平的特点，介绍了常见技术错误及纠正办法，介绍了明星们的顶级技术。希望通过本章的学习能提高你的实战能力。

第一节　高级水平基本技术

一、正、反手随击球技术

　　根据来球的高度不同，随球上网击球可分为两种：当来球较高时，由上向下压迫式抽球，击球速度是重点；当低球时，抓住合适的时机击球，不给对手调整时间。

（一）正手随击球

　　如图 7-1 所示：小威廉姆斯正手随击球技术（打较高来球）。

（1）当来球落点较浅时，迅速上前的同时完成引拍动作，身体侧向对网，引拍位置相对较高。

（2）接近球时，用小碎步调整并适当减速，将球拍下降至合适高度。

(3) 身体向前移动的过程中,夹紧腋部在最高点处挥拍击球。

(4) 继续随挥拍子,身体顺势跑向网前。

图 7-1　小威廉姆斯正手随击球技术(打较高来球)

(二) 正手随击球

如图 7-2 所示:费德勒正手随球上网技术(打较低来球)。

(1) 费德勒依靠上一拍球得到的优势,迅速将站位前移,缩短对手到位的时间。他采用接近于中间式站位,侧身引拍。从这幅图片中,我们可以清楚地看到费德勒身体与球之间的距离——非持拍手臂伸直后手能抓住球的位置。但是似乎同样可以看清楚击球高度,其实我们并不能在此时看清,因为我们并不知道现在球离他还有多远。

(2) 费德勒降低拍头的动作非常充足,这样做可以增加此次随球上网球的上旋,避免出现失误。他的身体重心正在向左腿转移。采用中间式站位,可以更加流畅的让自己推进到网前,不会在击球过程中浪费更多时间。

(3) 在蹬脚的同时,费德勒的上体开始扭转,在这里,我们可以清楚地看到腕部领先,拍头滞后的动作。这正如同我们反复讲过的抽鞭子的道理,用整个身体的力量制造最快的拍头速度。它是现代网球击球技术的关键所在。

（4）费德勒的挥拍速度之快，以至于我们的摄影设备没有捕捉到球拍与球接触瞬间的影像。这张图片展示了他击球充分的包裹动作。由于是中场球，不需要像在底线击球时那样充分向前推送球拍。因此我们可以看到费德勒的小臂收得非常快，大臂与身体之间的夹角也没有在底线击球时那样大。同时，我们也可以看到他完美的留头动作。

（5）此时费德勒的身体已经完全转正，球拍收于身体左侧。传统的中间式正手击球随挥往往将球拍收于左肩之上，同时左手接住球拍，以便完全回位。费德勒的正手是古典与现代技术完美结合产物，他的左腿在前一幅图中蹬地腾空之后，现在落地——即重心放在左腿上，右腿自然向后抬起保持身体平衡。

（6）刚才的落地动作，帮助费德勒能够迅速向前上右腿，第一时间来到网前最佳位置，准备进行下一拍截击，与第一张图片相对比，可以发现他在此次击球中身体向前的位移超过一米。从球的飞行轨迹来看，这对于对手来说是一记回头球，也是网球中最不容易控制好身体重心的击球。

图 7-2 费德勒正手随球上网技术（打较低来球）

● **学习要点**

（1）击球前的准备动作较小，需要向前移动。

（2）需将轴心脚向前跨出。

（3）根据来球高度进行引拍。

（4）随击球首要目标是将球打深。深球能迫使对手往后退，使自己有更多的时间逼近网前，缩小封网角度，同时也使自己有更多的反应时间进行截击。当有机会时，也可打出角度很大的小斜线球拉开对手，使其失去平衡，甚至直接得分。

（5）以打直线球为主，这样能最大限度地封住角度。

（6）击完球后，应顺势上步到达网前，不能停留在原地。

● **常见技术错误及解决办法**

1. 击球出界

原因：

（1）击球时身体重心未能及时跟上。

（2）击球点太前且挥拍幅度过大。

纠正办法：

（1）边向前移动边击球,同时击球点离身体近些。

（2）根据随击球时的位置,调整好随挥动作的幅度。

2．击球下网

原因：

（1）未能在球反弹的高点处击球。

（2）击球时用力过大过猛。

纠正办法：

（1）快速移动靠近来球,抢反弹高点击球。

（2）用本人击球力量 70%～80% 的力量击球,控制好落点,为上网截击创造条件。

（三）反手切削随击球

如图 7-3 所示：拉夫特反手切削随击球技术。

（1）当来球落点较浅时,迅速上前,完成引拍。

（2）击球点在前髋的侧面,挥拍削球的同时,身体重心继续向前。

（3）将拍子顺着球飞行方向继续挥出,好像是用身体的重量将球推出。

（4）继续随挥拍子的同时上步靠近网前。

图 7-3　拉夫特反手切削随击球技术

• 学习要点

（1）及早上步，当对手打出浅球（球的落点在发球横线附近）或打出慢速的半高球时，没等球落地即已上步。

（2）接近球时应减速，但不应停步击球。

（3）尽量在球弹起的最高点处击球，以便打出大的角度球。

（4）用简练的削击技术，边跑边打进入网前有利位置。

• 常见技术错误及解决办法

1. 削出的球太飘

原因：

（1）拍面坦开太多。

（2）身体重心前移不够。

纠正办法：

（1）削球时，球拍面略微坦开即可，同时向前挥送球拍的动作要做充分。

（2）身体重心随削球动作顺势压上。

2. 无法削出直线球

原因：

（1）侧身不够。

（2）击球点太靠前。

纠正办法：

（1）由于削球向前挥拍的动作比较固定，因此可以用侧身的多少来控制将球打向斜线或直线。

（2）控制削球时的击球点，削击直线球时将击球点往后靠。

二、侧上旋发球技术

侧上旋发球的特点是飞行弧度大，落地弹跳高且弹向对手左侧。

如图 7-4 所示：著名选手辛吉斯标准的侧上发球技术。

（1）从准备姿势起，双手动作同时进行，一手直臂抛球，持拍手则将球拍经下弧线直接有力地向上挥举。

（2）将球抛至合适的位置抛球手仍保持向上伸直的姿势，抬头看球。

（3）转肩抬肘使拍头垂于背后呈"搔背"状态,身体成背弓状。

（4）以肘关节起动发力,伸直肘关节挥拍击球,以一倾斜的拍面击球的右上部,使球产生侧上旋。

（5）击球的瞬间,附加向侧上的扣腕动作以增加球速,左手自然回落抱于腹前,避免身体过分打开而失去平衡。

（6）继续随挥,将拍子挥向身体左侧身后,右脚顺势上步,维持身体平衡。

图 7-4　著名选手辛吉斯标准的侧上发球技术

• 学习要点

（1）用大陆式握拍法,且握拍要放松。

（2）身体、肩、背、手臂、持球手充分放松,积聚发球的力量。

（3）抛球点和平击发球的抛球点相比,离身体要近些,但更靠右侧些。

（4）抛球手在球离手后,仍要保持向上伸直的姿势,使身体左侧形成一堵"墙",给挥拍击球的发力提供强有力的支撑。

（5）挥拍击球的轨迹从 8 点走到 13 点,击球的后上偏右侧处,拍面触球时间长。

（6）持拍手腕带动小臂有一个旋内的"鞭打"动作,并将拍子挥过身体正中线,完成随挥动作。

● **常见技术错误及解决办法**

1. 发球下网

原因：

（1）抛球点太靠前。

（2）击球点太低。

（3）挥拍击球时低头太早。

纠正办法：

（1）当球离开抛球手后，抛球手适当保持球离手时的状态，不要马上放下。

（2）抛球后抬头看球，下颌上仰，眼不离球。

（3）击球时，手臂尽量升高，提高击球点。

2. 发球出界

原因：

（1）抛球点靠后。

（2）击球时机不对，触球时挥拍轨迹不对，拍头处于从低处往高处挥动的状态中。

纠正办法：

（1）根据自身的身高，调整抛球点的位置，将球抛的靠前些。

（2）持拍练习挥拍动作，体会持拍手腕带动小臂旋内的"鞭打"动作。

3. 发出的球旋转不强

原因：

（1）挥拍轨迹和触球部位不合理。

（2）动作不协调，仅用手臂挥拍击球。

纠正办法：

（1）挥拍轨迹是从 8 点到 13 点方向挥动，大致方向就是向着右侧网柱挥拍。

（2）尽量延长球拍触球的时间。

（3）全身协调发力，合理运用腿部、身体、腰腹、手臂和手腕的力量发球。

三、接发球技术

接发球是网球运动中较难掌握的技术之一。面对越来越快的发球球速、接球员必须在第一时间对发来的各种不同球速、落点和旋转的球做出快速的判断和反应，并选择适当的击球技术，才能完成接发球。

（一）握拍

准备姿势时的握拍法，宜采用即不是正手也不是反手而是处于中间状态的握拍法。单手击球选手一手持拍，一手扶拍颈。双手击球选手用双手握住球拍，但不可握得太紧。当判断清楚发球线路后，立即调整握拍。

小贴士　　　　**发球的三种不同方式**

　　1. 击球脚步方式选择。对于个子高的学员,可选择双脚前后站立击球,发挥向前移动击球的优势。对于想在最高点击球的学员,可在第二步时后脚前并。

　　2. 抛球和引拍节奏的选择。第一种方式是抛球手臂举起时球拍向下摆动,接着握拍手臂继续完成举拍,如费德勒;第二种是抛球手臂抬起时击球手臂同时摆动完成举拍动作,如皮埃斯;第三种是抛球手臂举起后,击球手臂直接从身体前方举起,如罗迪克。

　　3. 击球方式的选择。平击发球球拍击球的后方,抛球可稍向场地内;切削发球球拍击球的右侧,抛球可向右侧抛;上旋发球球拍击球的左侧随后向右挥动,抛球可向头部上方位置。每个学员可根据自己的喜好和个性选择不同的脚步方式,抛球和引拍方式。

　　当然,不论采取哪种方式发球,好的发球必须掌握好节奏、放松和注意力高度集中有这三个因素。也就是说好的发球是运动员处于最佳节奏,人非常放松和注意力高度集中的情况下才能出现的。

(二) 接发球站位

　　一般应站在对方发球最大角度的分角线上,这种站位不论对手发内角球还是外角球,均能应付自如;或根据对手发球特点加以调整,如对手习惯发切削球,在右半区接发球时站位就应向外移动一些。接对方第一发球时可站在端线外 1 米左右的位置;接第二发球时则可向前移动,站在端线上或端线内。

(三) 准备姿势

　　准备姿势有两种,两脚前后错开的踏进型和两脚开立与端线平行的平衡型,两种方式均采取膝关节弯曲的低姿势进行接发球。采用何种姿势,可根据自身喜好加以选择。

　　(1) 平行站立准备姿势,如图 7-5(1)所示:两脚左右开立,比肩略宽,屈膝,身体前倾,重心落在前脚掌,持拍手置于腹前,抬头注视对手发球情况。

　　(2) 前后错开准备姿势,如图 7-5(2)所示:两脚前后错开,屈膝,身体前倾,持拍手置于腹前,抬头注视对手发球情况。

（1）左右开立平衡型准备姿势。　　　　（2）前后错开踏进型准备姿势。

图 7-5　左右开立平衡型和前后错开踏进型准备姿势

（一）正手接发球

如图 7-6 所示：独狼里奥斯正手接发球技术。

　　（1）　　　　　　（2）　　　　　　　　（3）　　　　　　（4）

（1）—（2）从准备姿势起，迅速转肩转　　　（3）—（4）拍头循弧线下降至合适高度
体，后引球拍，引拍幅度要小。　　　　　　后夹紧腋部迎向前挥拍球。

　　　　　（5）　　　　　　　　　　（6）

（5）—（6）击球后，身体朝击球方向转动，拍子继续前挥完成随挥动作。

图 7-6　独狼里奥斯正手接发球技术

（二）双反手接发球

如图 7-7 所示：费雷罗的双手反拍接发球技术。

　　　　（1）　　　　　　　　（2）　　　　　　　　　　　（3）　　　　　　　　（4）

（1）—（2）从准备姿势起，迅速转肩转　　　　（3）—（4）夹紧腋部，利用身体和肩回
　　体带动拍子完成引拍。　　　　　　　　　　　　转的力量挥拍击球。

　　　　（5）　　　　　　　　（6）

（5）—（6）继续随挥拍子，一气呵成地将拍子随挥至背后，身体重又转回到面向球网。

图 7-7　费雷罗的双手反拍接发球技术

　　费雷罗 2003 赛季在罗兰·加洛斯（法国网球公开赛）封王，并战至美网决赛。有人说美网没有夺冠，是因为费雷罗不适应硬地球场，但事实并非如此——至少他的反拍击球在硬地赛场上同样出色。费雷罗反拍击球的准备动作很早，并在击球过程中有出色的步法和完美的平衡，除此之外，他在整个击球过程中都会弯曲膝部来降低重心。由此可见，并不是每一个世界级的反拍击球都要如出一辙。通过屈膝降低重心，费雷罗可以用他的双反击球瞄准目标并击垮对手。

　　• 学习要点

　　（1）注意力高度集中，在对方发球瞬间判断对手发球的方式、速度和角度；同时判断对手是发球上网还是留在底线对打，并因此迅速决定接发球的方式。

（2）当对手抛球向上时，做分腿垫步。

（3）迅速转肩转体，引拍早。

（4）尽量上步迎击球，利用转体、转肩动作，以小幅、快速的挥拍动作回击发球。

（5）挥拍击球时夹紧腋部，动作简练紧凑。

（6）随挥动作要完整。

（7）接发球后必须预测对方的回击路线和落点，取好位置。

• 常见技术错误及解决办法

1．接不到球

原因：

（1）站位不对，没有站在对手发球最大角度的中分位。

（2）预判不够。

纠正办法：

（1）根据对手发球时的站位，预测对手发球路线的最大角度，站在中分位置接发球。

（2）接发球时将注意力集中到对手挥拍击球的瞬间，预判发球的线路并及时做出反应。

2．接不好球

原因：

（1）身体重心太高。

（2）动作幅度太大。

纠正办法：

（1）尽可能地降低身体重心，缩短身体反应接球的时间。

（2）减小引拍动作幅度、快速地挥拍回击发球。

【拓展窗口】

怎样应付炮弹式发球

随着网球拍科技性能的不断加强和球手们对网球发球技术的重视，业余选手也越来越多地面临应付炮弹式发球的问题。那么应该怎么把这些疾如炮弹般的发球接回去呢？

试试下面的招数，看看能否帮到你：

第一招：挡

好多业余选手接发球接不好的主要原因是引拍过大。因为炮弹式发球就是速度快，根本没有时间像在底线击球一样先向后引拍再向前挥拍。正确的方法是想象自己是堵墙，夹紧腋部，握紧球拍，蹲低身体，对准来球，向前一挡。OK！

第二招：别怕

乍一听这是句废话，可根据观察，好多选手接不好发球是因为心理的恐惧。如果你都不相信自己能把这么快球回过去，那你怎么能接好发球呢？所以别怕，别给它吓着，把接炮弹式发球当成挑战，先看清楚来球，再挡，慢慢你就发现这并不难。

第三招：向后挪

当对手发出的球快如炮弹时，你完全有可能让它飞到你面前时的速度变慢了，也就是你可以往后站，像库尔腾那样。可先试着向后站一米，不行就两米，再不行就再往后退。科学研究表明，球在接触场地之后速度会大大减慢，距离越长当然就越明显。别怕人家说你害怕，关键是把球接过去。这招主要用来对付没有角度的平击球。

第四招：往前站些

对于角度大的球，你完全可以向前站，在球向外旋转之前，把球切过去或挡过去，这是大部分职业选手常用的招数。正确的方法是斜向45°迎击球，当然这需要一定的练习才能运用自如，这招主要用于对付角度大的旋转发球。

第五招：抓拍柄中间

对于力量小的球手，在碰到大力发球时，拍面经常会被大力震歪。在这种情况下，抓拍柄中间可以使你更好地控制拍面，从而把球挡过球网。

第六招：让他惦记着你

这一招更多的作用应该是心理上的，怎么让他惦记着你呢？一般选手在准备抛球的时候，会看一下你站的位置，如果在这时，你左右的移动明显在干扰对方的发球，是不允许的；但如果在他抛球后，也就是说在他眼睛向上看球时，你移动到新的位置是允许的。所以，如果你应付不了对方发到你反手位的球，你可以站到反手位，那时也许他会想偷袭你的正手位，这时你就可以在他向上抛球时，往你的正手位移一点。这样当他发现你并没有像他想象的那样站在反手位时，他在下一次发球时就会想，你到底是站在正手位还是反手位呢？他就开始惦记你了。同样，你在向前站和向后站的时候，也可以如法炮制，让他搞不清你到底站在什么地方，你分散了他的注意力，就有可能使对手发球失误。

通常，业余水平的对手发出炮弹式发球只是偶然，特别当你能把他的绝招化解掉后，他的斗志就可想而知了。当你看到对手无奈的神情时，你会想：再来一个炮弹式发球吧。

四、挑高球和高压球技术

（一）上旋挑高球技术

上旋挑高球是一种极具攻击性的高球，当球越过对手头顶时，强烈旋转飞行的球立即急速下坠并快速弹向挡网，使对手来不及回身救球（如图7-8所示）。

(1) 像正手抽球一样引拍,以隐蔽自己的意图,拍头循弧线下降至击球点下方(比抽球要低得多),重心落在后脚上。

(2) 从较低的位置开始,从下往上擦击球的后部,击球点在右侧踝关节稍靠前的地方,触球时拍面与球网平行,腕部放松以提高球拍的速度,重心仍落在后脚上。

(3) 触球的同时,拍子以几乎垂直向上的角度做大幅急速的随挥动作,将拍子挥到头后。

图 7-8　上旋挑高球技术

• **学习要点**

(1) 握拍法与底线抽球时相同。

(2) 准备姿势与引拍动作与抽球相同。

(3) 重心落在后脚上。

(4) 眼睛盯球。

(5) 击球点靠后。

(6) 手腕放松使拍头加速擦击球的后部,拍头摆速越快,就能产生强烈的上旋,球也会更快坠落。

(7) 以很陡的弧线作大幅随挥动作。

• **常见技术错误及解决办法**

1. 挑球出界

原因:

(1) 击球点太靠前。

(2) 球飞行弧线起飞角度太小。

纠正办法:

（1）将身体重心落在后脚上，击球点在髋关节边上。

（2）

2．挑球太浅太低

原因：

（1）球飞行弧线起飞角度太大，接近90度，出现挑球太浅。

（2）球拍触球时间太短，随挥动作幅度太小。

纠正办法：

（1）调整球起飞角度，起飞角度小些。

（2）充分做好随挥动作，随球送拍动作越长越好。

【拓展窗口】

挑高球的战略思路

1．挑出的高球太浅太低——试图打出的完美高压球的高度刚刚越过对手的头顶，深度也刚刚在对手的身后，而往往这样的球会有太浅太低的风险——提醒自己运用高挑球的原因是为了给自己争取时间获得防守时间，并迫使对手离开网前进攻位置。因此要鼓励自己大胆打出高深的球，确保越过对手，给自己争取足够的防守时间。

2．要将球挑到对手的弱侧处——应该知道对手的弱侧处在哪里，以便挑高时，能直接击球到对手弱侧处位置。因为很少有人通过反手过顶高压球打出危险的球，即使你挑的高球浅而低。

3．进攻性挑高球要使用上旋，通过几乎垂直的从低到高的挥拍产生强烈的旋转，旋转会使球越过对手高高举起的球拍后急速落入场地内，且落地后反弹到底线后很远处，使对手难于回接球。

（二）凌空高压球

如图7-9所示：松冈修造凌空高压球技术。

（1）　　（2）　　（3）　　（4）

（1）—（2）当对方挑来高球，迅速侧身，以小碎步移动调整，移动到最适合于击球的位置。

（3）—（4）将置于胸前的球拍经脸前直接拉至头后，以最短的距离同时左臂上举指向来球；完成后摆动作重心落在后脚上。

| (5) | (6) | (7) |

（5）转肩抬肘,使拍头垂于背后,上体进一步展开。

（6）在左手下落的同时,向前上方挥拍击球,重心移向前脚。

（7）击球时,拍头朝下利用手腕的鞭打动作扣击球。

图 7-9　松冈修造凌空高压球技术

• 学习要点

（1）采用便于扣腕动作的大陆式握拍法。

（2）以最短的距离直线上举完成引拍动作。

（3）保持侧身对球,手臂上举指向来球以帮助位测判断球不落的距离,并维持身体的平衡。

（4）击球点应在体前,触球时拍头应处于朝下的状况。

（5）充分运用手腕的动作扣击球。

（6）击球时跟进重心。

（7）顺势向前下做随挥动作。

• 常见技术错误及解决办法

1. 打不准球

原因:

（1）脚步站死不动,很难找到挥拍击球所需要的节奏,出现打不准球或漏击来球。

（2）引拍路线与发球时一样,经体前往后再上举,往往造成击球太迟。

纠正办法:

（1）快速后撤步移动,非持拍手上举指向来球帮助找准击球点。

（2）引拍直接从身体前上举。

2. 发不出力

原因:

（1）侧身不够,正面高压球,没有很好地用上腰腹肌力量,发不出力。

（2）击球点靠后或太低，无法很好地运用手腕的力量。

纠正办法：

（1）做完整后撤步，保持侧身对球。

（2）眼睛盯球，提前挥拍击球避免视觉上的误差。

小贴士 **高压球技术等同于发球技术吗？**

答案是否定的。二项技术看似相同，其实不然。高压球和发球技术最大的区别在于引拍动作。高压球的引拍是直接从脸前上举后置于肩上；而发球的引拍是经膝旁再向后上挥举后置于肩上。这一区别，恰恰诠释了二者的不同点。因为发球是一项不受对方击球状态影响完全可由自己控制的技术，击球点相对固定，故可以从容地引拍，以增加挥拍击球的力量；而高压球时，人体往往处于刚冲向网前，又得迅速后撤高压的状态，尤其当对手挑进攻性高球时，你更没有过多时间进行引拍，且击球点是动态的，需自己迅速调整寻找，故引拍必须迅速简洁地完成。练习者应勤加练习，体会二者的区别。

【拓展窗口】

高压球——"一锤定音"

在网球技术中，高压球是一项很长气势的得分手段，特别是职业选手那犹如晴空霹雳般的高压制胜。如果你掌握了高压球的基本知识，再加上潜心修炼，相信在比赛中，你也可以好好过上一把高压瘾。

【握拍：聪明人一定会使用大陆式握拍】

有一点可以肯定，高压球的网球高手100%会使用大陆式握拍。东方式握拍不可能打出高品质的高压球。这是因为，在不同的握拍下，对身体的控制方法会有所不同。

在发球和高压球两项技术环节中，对身体动作的要求基本相同（因此我们常说发球好的人高压球也一定好），但也存在差异。发球是从静止状态开始的击球，而高压球是运动中的击球。发球是以左脚为轴心（对右手持拍而言），而高压球通常是以右脚为轴心（也有轴心从右脚向左脚移动的情况）。

大陆式握拍的优势在于，可以在身体朝向侧方的时候使用，并能实现身体侧向的移动。身体一旦朝向侧方，可以很轻松的后撤，同时将击球点扩大到头顶上方由前至后的广阔区域。这其中，若变换拍面的触球角度，可以向各个方向打出高压球。高压球是需要在头顶上方的空间处理的击球,很容易产生击球点误差,因此,掌握具有应用性的技术非常关键。大陆式握拍正是提高高压球技术最大的前提。

【步法：轴心脚的脚尖朝向侧方,不可朝前】

对于近网的落点较浅的高球和轨迹较高、有充足准备时间的高球,使用侧滑步较为有效,并向前踏步击球。

对于距球网较远、落点深的高球和轨迹较低、没有充足准备时间的带有旋转的高球,以及被对手反攻的高跳球,使用交叉步伐较为有效。大幅度的交叉步可以提高移动速度和距离,在移动过程中完成高压球。

使用这些步法时,最重要的一点就是轴心脚(对右手持拍者来说即为右脚)脚尖的方向。正确的做法应是,从侧面开始稍向斜向方踏地,尽量使用脚跟稳稳踏在地面上。强大的能量即由此产生(可以跳起来)。

如果轴心脚的脚尖朝向前方,无法很好地完成侧向转体,以身体面向前方的状态向下挥拍,很难发挥出身体的能量,挥拍方向单一,完全失去了应用性。

理想的步伐应使轴心脚的脚尖朝向侧面,正确完成转体。这样,上半身的转动可以传到至下半身,然后完成蹬地跳步。这一系列的连锁动作正是力量的源泉。

【引拍：引拍要在脸部前方】

无论男女选手,他们高压球时的引拍全部在脸部的前方,几乎没有球拍位于身体后方的情况。这是打高压球的基本要素之一。

在转体完成引拍的过程中,球拍的重心不要放在拍头部位,而要在手腕一侧。通过由上半身至下半身的转体这一连锁动作蹬地向上跃起,然后身体转回,在此过程中完成击球。由此,简单的动作产生出巨大的能量。

请大家留意选手们引拍动作中手的位置(一定在脸部前方),持拍手保持在这个位置不变,身体躯干侧转时,球拍便会自然移动到后侧。这时的身体姿态看起来好像是在挑着球拍,但这并非是有意将球拍引至背后的。

第二节　高级水平基础战术

当掌握了初中级战术后,就可以尝试学习更高层次的战术打法,以便技战术水平的不断提高。在这一章节中我们着重介绍单打战术。

(一) 底线战术

底线战术是以底线正、反手击球为基础组织的战术,利用速度,旋转,落点的变化来创造进攻得分的机会。当今网坛大部分男、女选手都是以打底线球为主的运动员,底线战术已被发挥得淋漓尽致。

底线型选手可分为积极进攻型和防守反击型两种,以阿加西、费德勒及大、小威廉姆斯为代表的积极进攻型打法的球员,战术以主动进攻为前提,以快速、大力、准确、凶狠取胜。以休伊特、费雷罗、辛吉斯等为代表的防守反击型球员,战术以良好的底线控球能力,判断好、反应快、步法灵活、体力好、击球准确的特点来调动对方,达到在防守中寻找反击得分的机会,最终以准确、稳定赢得比赛的胜利。

1. 积极进攻型选手常采用的底线战术

(1) 压制反手,突击正手战术

这种战术适用于对付反手较弱的对手,即集中力量攻击对方反手,迫使对手逐步离开场区中央的位置。经过连续攻击对手反手后,对手的站位已完全偏离中点,这时突然改变击球方向,把球击向对手右区,使对手鞭长莫及。在集中力量攻击对手反手时,击球落点要深,加以力量和旋转的变化,使对手忙于招架而无法有力回击。同时,当出现机会时,也应及时上网截击。

(2) 两面攻战术

是利用底线正、反拍强大的连续进攻能力,配合速度和落点的变化与对手展开阵地战,最大限度地调动对方左右来回跑动,消耗其体力,力争主动,从而达到攻击对手、控制对手的目的。

(3) 拉攻战术

是底线型打法中比较普遍的一种战术。它是以底线正、反拍拉上旋球,或正抢拉上旋,反拍切削球,来使对方左右跑动,一旦出现机会,马上给予致命一击。

①正、反拍拉强力上旋于对方底线两边大角深处,不给对方上网及底线起板机会,寻找机会进行突击。

②正、反拍拉上旋球时,加拉正、反拍小斜角,使对方增加跑动距离并出现质量低的回球,然后伺机进攻。

(4) 侧身攻战术

是底线进攻型打法中的一项主要进攻手段。它利用强有力的正拍抽球,配合良好的判断和步法移动,在三分之二的场地区域内用正拍对对方施加有力的攻击。不仅避免了反手的弱点,而且能够利用凶狠的正手抽击,给对手以强大的压力,从而取得优势。如果攻击斜线,击球后要迅速回位,以免对方回球至你的正手位深处。也可攻击直线并随球上网,继而截击得分。

(5) 紧逼战术

是以快速的节奏对对手进行攻击的一种战术,也是当今世界上优秀选手们常用的一种进攻方法。紧逼战术主要是发挥其良好的底线正、反抽击球技术,迎击上升球准确的落点控制,节节紧逼,以达到攻击对手的目的。

2. 防守反击型选手常采用的底线战术

(1) "牛皮糖"打法

防守性底线型选手的取胜诀窍就是耐心,要稳健地将球击过网,使对手陷入没完没了的、耗费精力的来回球当中。不要急于进攻,耐心等待进攻机会的出现;一旦对手回出浅球,便可迅速上前打出一记致命的中场得分球;或迫使对手回出质量不高的球,继而截击得分。企图从底线一下打死对手是非常困难的事,而且很容易造成失误。在初学者及中等水平的选手中,每场比赛的胜负实际上是看谁"自杀"得少些。即使是职业选手间的比赛,因对手无谓失误或被迫失误所得的分也远远多于主动得分。因此,要尽力保持让球"活着"。

（2）积极调动对手打法

这种打法的攻击性主要依靠落点的变化和准确,虽然球速不如进攻性球手的快,但经常让对手在运动中击球,降低了对手的击球成功率。发球或接发球后,如果自己不上网,应该让对手也留在端线后面,这样,对手打出直接得分球的机会就大大减少。事实上,在一个多拍的底线来回球中,常会使对手失去耐心,急于取胜而犯错。所以防守型打法的球员要利用强烈的上旋球把对手牢牢地控制在底线左右两个大角以充分调动对手。同时,在多拍对打中,对手也在想尽办法调动你,迫使你失误。当处于被动情况时,可打弧度很大的中路上旋深球,在为自己赢得回位时间的同时,减小对手的回球角度。

（3）挑高球战术打法

对付上网型对手的方法是,使上网人离开前场,即利用挑高球迫使他从网前回到后场,如果对手采用高压得分,也要坚持这样做,因为不能让对手毫无顾忌地上网截击,让他知道过于靠近球网就有可能被挑过顶球,使他有所顾虑,从而降低上网的成功率。这样对手因顾虑挑高球而向后退,自己就更容易破网或打其脚下球了。

（4）不同状态下的防守反击战术

①当对手运用发球上网战术进攻时,接发球可采用迎上借力接球,把球打到对方脚下或两边小角,然后准备第二板反击破网。

②当对手进行底线紧逼进攻战术时,可采用底线正、反拍拉上旋球至对方底线两边大角深处、不给对手进攻得分机会,然后再伺机进行反击。

③当对手运用随球上网进攻时,应提高底线破网第一板的成功率和突击性,以寻求第二次破网反击的机会。

（二）上网战术

1. 发球上网战术

发球上网是利用发球速度、落点和旋转的变化,主动上网截击得分的战术。是上网型打法中的主要得分方式。发球上网必须具备良好的发球和网前技术,加上有一颗敢于冒险的心,才能打好这个战术。发球上网最大的优点在于:使对手始终处于一种受压制的状态。因为发球者处于相对有利的地位,对手回球角度小,且难以找到节奏,故发球上网者在气势上首先占据了优势。

2. 随球上网战术

随球上网战术是利用对手回出质量不高的浅球,果断地上前运用随击球技术随球上网的一项战术。一般来说,只要是能进入底线内打的球就可以判断为浅球。随击球一般以打直线球上网为好,一是距离短,对手准备时间短;二是上网后容易封住角度。当然,这不是什么定式,应根据临场具体情况决定打直线球还是打斜线球;也可试着用削球打随击球,等待对手回出高球,给下一次截击带来便利。打完随击球后,应顺势向前移动进入到网前截击区,截击时的取位应在对手可能回击角度的中分线处。

3. 接发球上网战术

接发球时必须树立积极进攻的思想,运用快速多变的击球技术来接发球。当对手的发球威力不大尤其是第二发球时,迅速上前抽球上网或推切上网,给发球员以压力,变被动为主动。

4. 偷袭上网战术

偷袭上网战术,主要用于在底线对拉中,当对手专注于底线对攻时,在没有任何征兆的情况下,突然加力抽球或拉上旋高球或凌空截击上网偷袭,使对方措手不及而造成失误。

【拓展窗口】

业余网球选手当学费雷尔

中国球迷熟知费雷尔估计是从上海网球大师杯时开始的,小组赛中连折德约科维奇、纳达尔、加斯奎特让这位西班牙人获得不少球迷。快速的脚步移动

图 7-10　费雷尔击球动作

和不屈不挠的拼搏精神,让费雷尔在顶尖高手行列中争得一席之地。

【不停地移动】

费雷尔出色的脚步移动能力,是其最强大的武器。无论是在比赛的相持中,还是在等待对方发球的时候,25岁的西班牙人总是在不停地动。就连他烦躁或是换边休息时,都会不停地抖动双腿,除了击球前的一刹那,我们很难看到他处于静止状态,这样做有显而易见的好处。另外,他在每次击球前做的分腿垫步,帮助他可以保护大部分场地空档。同时这样做还有一个明显的优势,在费雷尔不停地跳动中,让他的对手明白想从他这里得分可没有那么容易,费雷尔不会给对手任何喘息的机会!

【身体素质与意志品质俱佳】

拥有完美的身体素质已经让其他选手羡慕不已(业余选手在这一点就不要向他看齐了,费雷尔是难得的运动天才),而他最可怕的地方是意志品质的顽强。他会让人难以理解的追求每一分的胜负。无论当时的比分是多少,处于主动还是被动,他都会全力以赴,在每一分前准备跑向来球,完成自己预定的战术打法。

由于在比赛时非常专注,他可以在对手来球出浅时迅速给对手致命一击。虽然费雷尔没有强大的发球和特别有力的底线击球,但毫无疑问他是一个机会主义者,这是任何人都需要在比赛中学习的。如果你能够像他一样对每一分球有所准备并且认真对待,会令你的对手感到窒息。

【精力充沛,发挥稳定】

有时候,选手们会被费雷尔充沛的精力搞得失望或沮丧,甚至有人将其称为灾难。在去年上海大师杯决赛,费雷尔对费德勒的比赛中,当费雷尔在第二盘最后阶段用拍子磕了膝盖之后,表现出了一些挫败感(费德勒能够限制任何一个人的发挥)。但尽管如此,费雷尔还是很好地控制了自己的情绪,仍旧表现出良好的精神状态。他精力充沛,且发挥稳定,想要在比赛中同时兼顾这两点是非常困难的。通过合适的途径来防止自己变得焦躁不安,费雷尔做得相当好。

【借力打力,力所能及】

费雷尔在上个赛季的后半段,接发球成功率高达75%,或许你已经注意到,虽然他的接发球不是阿加西那种强力型击球,但费雷尔的动作很小,保持回球具有深度并且不失误。他总是借来球的力量回击,并且不会在自己的能力之外接发球。听起来这样有些保守,但这样做为他的成功增加了许多砝码。业余选手,还有那些整天需要与费雷尔斗争的家伙们,尤其值得学习这一点。

第三节　基本技术和单打战术练习方法

一、基本技术练习方法

(一)上手发球练习方法

1. 发球准确性和深度

两排队员分别站在虚线和直线后,两名队员同时发球,发球前要明确是发给对方正手或反手。发准确的得一分。如果球着地反弹后落到对方后场,加一分。每名队员每发两次后轮换到另一排的排位等待。在一定数量的发球次数内积分最多者获胜(如图7-11)。

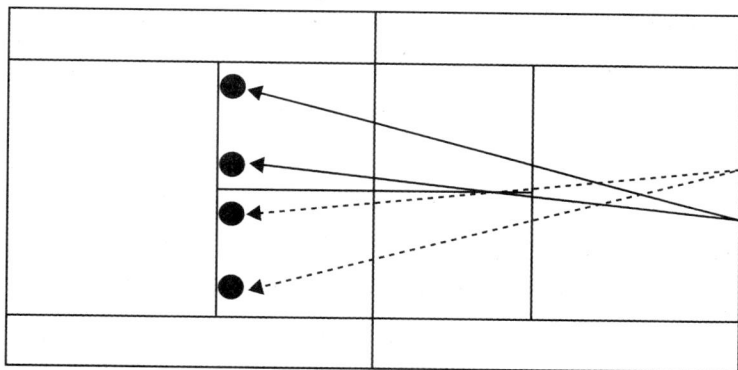

图7-11　发球准确性和深度练习

2. 发球准确性和深度比赛

两队队员比赛发球的准确性和深度。每人发4个球,将球发到发球区内得1分,发到指定区域内得3分,发到发球区并且第二着地点在底线外2.5米以外的得5分。每个队员的积分累计起来,总分多的队为胜队(如图7-12)。

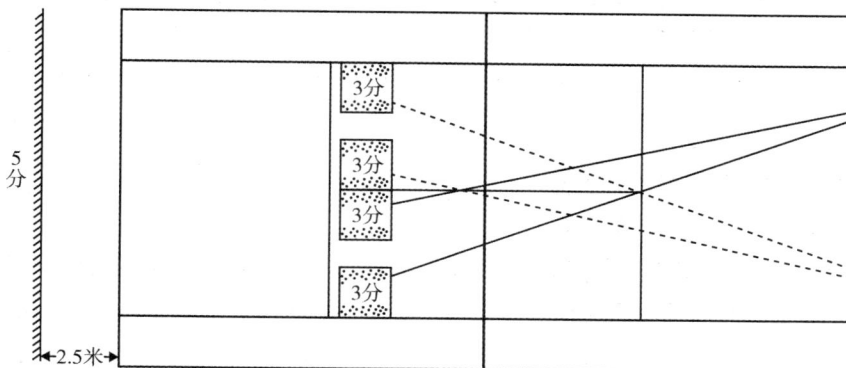

图7-12　发球准确性和深度比赛

（二）发球、接发球练习

1. 发球—斜线抽拉

发球和接发球队员分别站在底线。发球队员（黑点）发斜线球至接发球队员（白点）正手处，接发球队员正手回斜线球，要求打得快、高、深，将发球队员压在底线以外。双方进行正手斜线来回抽球，要求打 10 个回合（如图 7-13）。

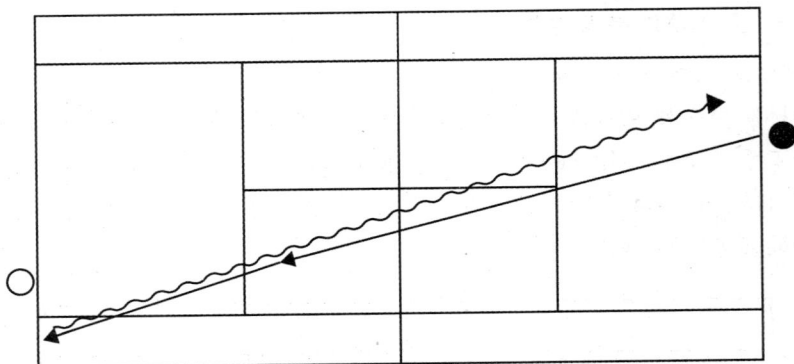

图 7-13 发球—斜线抽拉练习

2. 发球—直线回接球—直线抽拉

两名队员（黑点）同时发球，接发球队员（白点）回击直线球，发球队员回击与对方抽拉直线球，要求打 10 个来回。抽拉球落点必须超越发球线。一定的时间或相当的数量练习后逆时针轮换练习的位置（如图 7-14）。

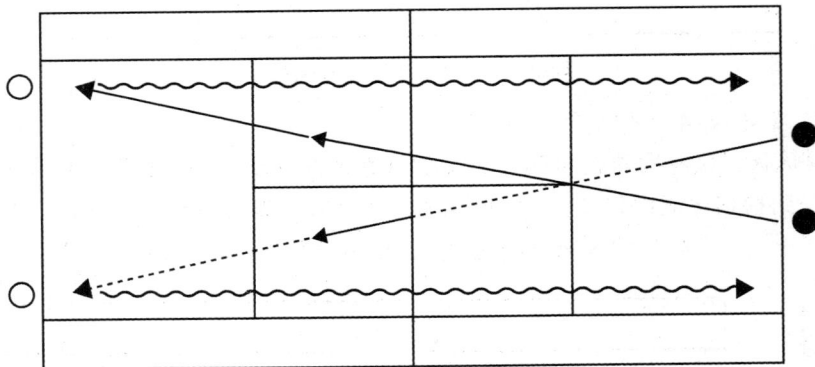

图 7-14 发球—直线回接球—直线抽拉练习

（三）高压球、挑高球练习

1. 跑动打上手高压球练习

队员在底线站成一路纵队等候，练习队员从底线中间向前跑至网前，用球拍触网后（曲线），后退至发球线附近（曲线），将教练员喂的高吊球，凌空接连打左右两个上手高压球（直线）。然后回到队尾（如图 7-15）。

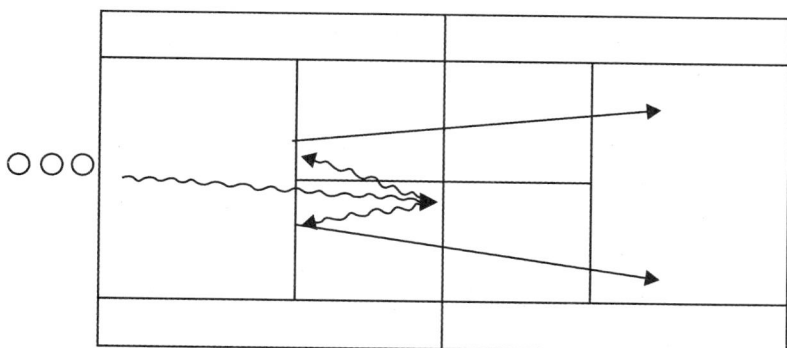

图 7-15　跑动打上手高压球练习

　　练习时,要注意动作的连贯性,根据球的高度决定自己的位置和挥拍速度。

　　2. 技术要点

　　(1) 握拍如发球需握的大陆式握法;右肘关节约 90 度将拍头置于头上;左臂自然伸直指向来球;左脚在前右脚在后分开站立,膝关节微屈;身体侧向来球。

　　(2) 击球时手腕向前、向下用力,与拍面一致;避免腕关节僵硬;以右体一侧向前,自然转动身体。

　　常犯错误:急于用力,用力过大,下网或只挥臂不转动身体,出界。

　　(四) 网前综合练习

　　甲方喂一短球至中场发球线(实线),乙方上前至中场(虚线)打直线至目标方块 1(实线),甲方回直线(曲线),乙方继续上网至右前场(虚线)截击斜线球至目标方块 2(实线),甲方右移(虚线)挑高球至左前场(曲线),乙方再向左移(虚线)打上手高压球至对方左空档至目标方块 1(实线)。每次练习结束后逆时针轮换位置(如图 7-16)。

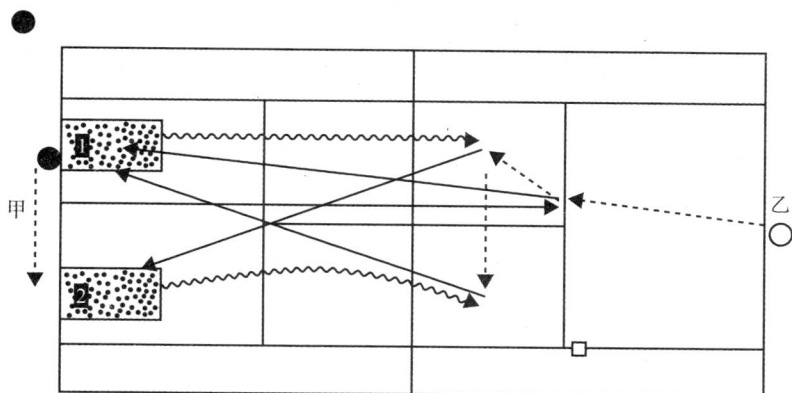

图 7-16　网前综合练习

（五）中远场高球练习

甲队队员（白点）从底线跑上前用球拍触及球网（虚线），教练员（黑三角形）喂高抛球至中场（弧线），甲队员后退打上手高压球长斜线至对方右后场（实线），乙队队员右移（虚线）打直线球（虚线），甲队队员再向左移（虚线）反手截击球至对方左前场（实线）（如图 7-17）。

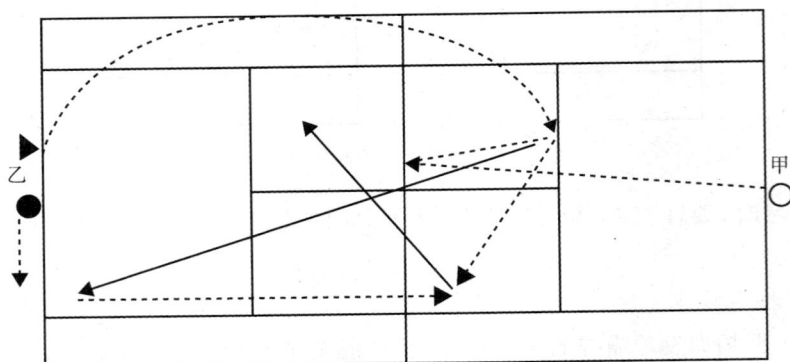

图 7-17　中远场高球练习

（六）落地高压球练习

甲方给一短球至对方中场右侧，乙方上前（虚线）发力抽正手斜线至对方后场右角（实线），甲方右移回击至对方左前场（曲线），乙方跟进网前（虚线）打对方后场左角（实线），甲方再左移（虚线）挽救打高挑球至中后场（弧线），乙方向后场退到球后（虚线）待球落地反弹打上手高压球，直落对方后场右角（虚线）（如图 7-18）。

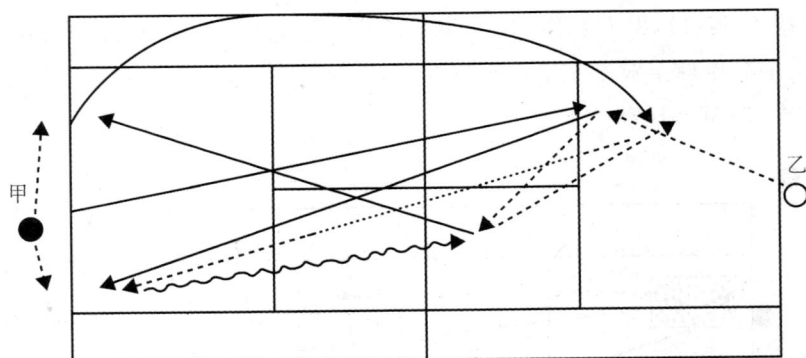

图 7-18　落地高压球练习

（七）一对三练习

三名队员（黑点）在底线喂挑高球至对方前场（弧线），白队队员成纵队依次上前打上手高压球（直线），每打 10 个球逆时针换到对方场地去喂球（如图 7-19）。

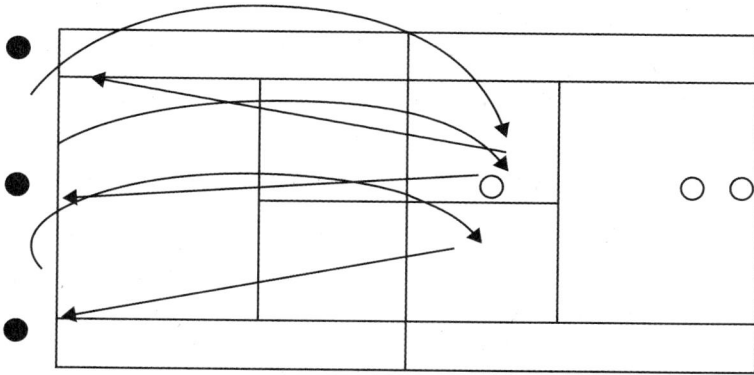

图 7-19　一对三练习

（八）随球上网练习

（1）甲方抽乙方底线右角（实线），乙方回球位于甲方正手击球位时（曲线），甲方随即上前（虚线），打直线随击球（实线），击球目标为对方左侧角（如图 7-20）。

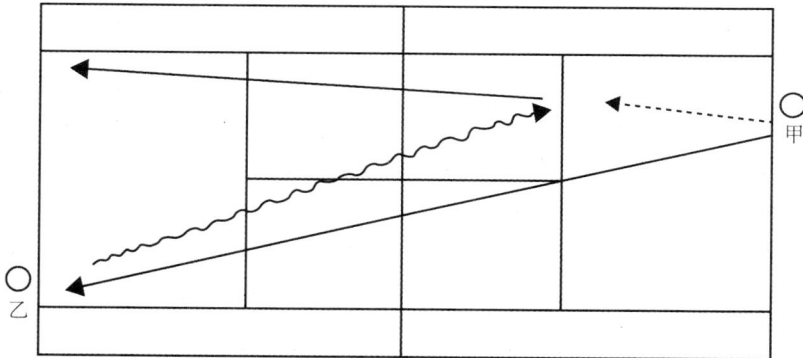

图 7-20　随球上网练习方法一

（2）甲方抽乙方底线右角（实线），乙方的回球位于甲方反手击球位时（曲线），甲方随即上前打斜线随击球，击球目标为对方左侧角（实线）（如图 7-21）。

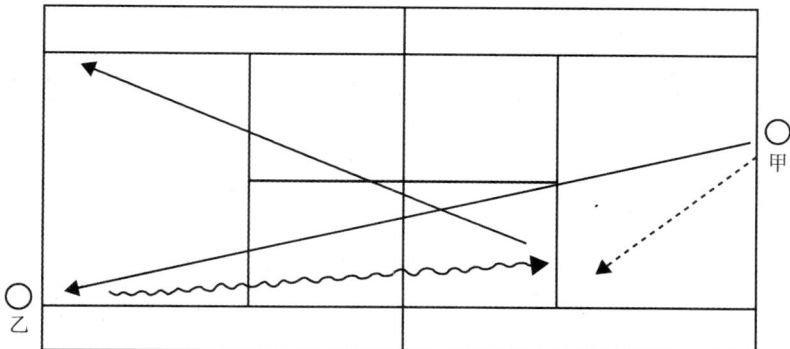

图 7-21　随球上网练习方法二

二、单打战术练习方法

（一）底线战术练习方法

1. 斜线变直线

对方（白点）斜线进攻（实线），你打直线穿越球（曲线）（如图 7-22）。

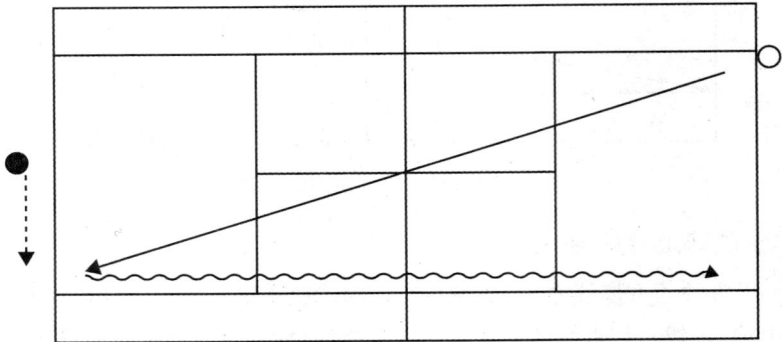

图 7-22　底线战术练习方法之斜线变直线

2. 直线变斜线

对方（白点）打直线进攻（实线），你打斜线穿越球（曲线）（如图 7-23）。

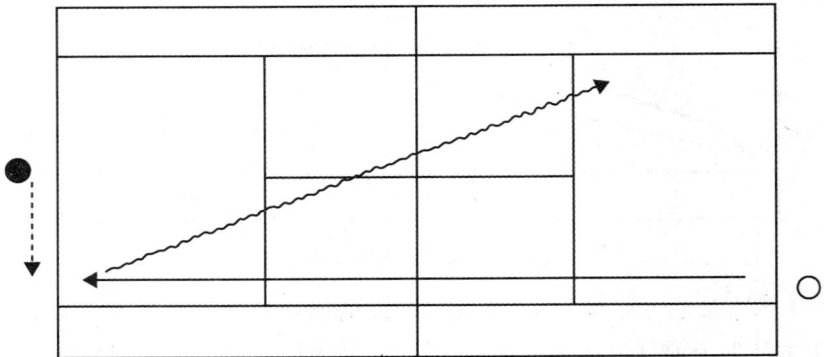

图 7-23　底线战术练习方法之直线变斜线

3. 持续打一点突击另一边

对方（白点）打斜线进攻（实线），你打斜线球（曲线）。重复 2 遍以上，突然变直线（虚线）（如图 7-24）。

4. 网球底线组合线路练习

（1）阿加西式练习

甲乙双方队员打 4～6 次底线来回球（实线），然后甲方队员放一轻短球至乙方罚球线附近（虚线），乙方队员迅速上前打直线球（曲线），直击甲方左场空档（如图 7-25）。

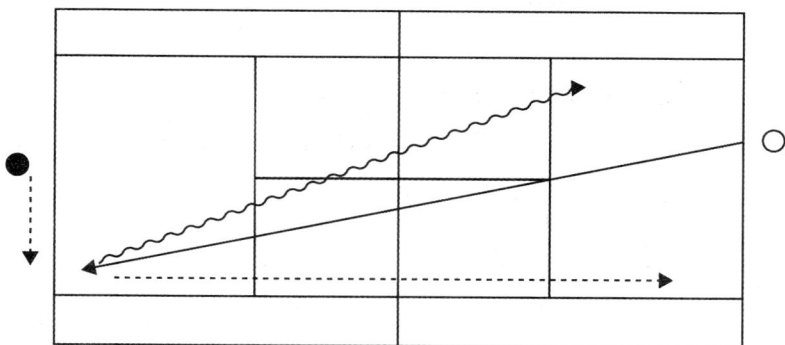

图 7-24 底线战术练习方法之持续打一点突击另一边

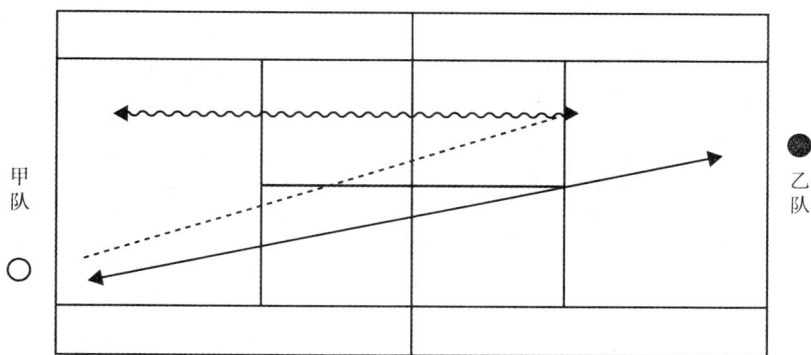

图 7-25 底线战术练习方法之网球底线组合线路练习——阿加西式练习

（2）对目标削球练习

甲队员奔跑 1、2、3、4 四个点，将球回击到乙方左半场（黑色区域），乙方队员按顺序对准四个目标反手削球。最后以第五个球再削回到 1 或 2 点结束（如图 7-26）。

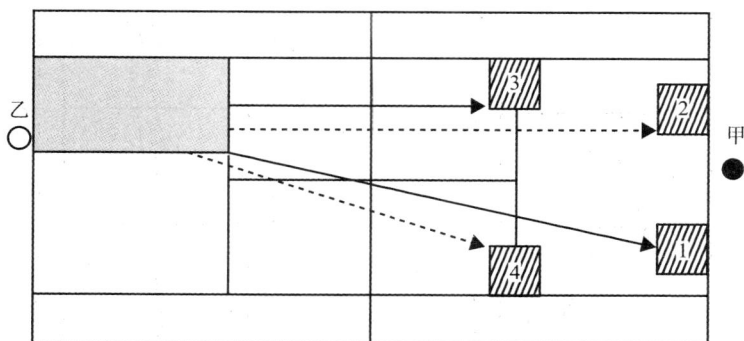

图 7-26 底线战术练习方法之网球底线组合线路练习——对目标削球练习

（二）上网战术练习方法

1. 发球上网战术练习方法

（1）用第一发球的力量，发侧旋球，目标为对手发球区右区外角，然后上网冲至发球线中线偏左处，封住对手正拍直线球，截击球至对手反拍区（如图 7-27 所示）。

（2）第一发球平击球或用第一发球的力量发上旋球，发对手右区内角，上网至发球线中线处跳停，判断来球路线，将球截击至对手底线正、反拍深区（如图 7-28 所示）。

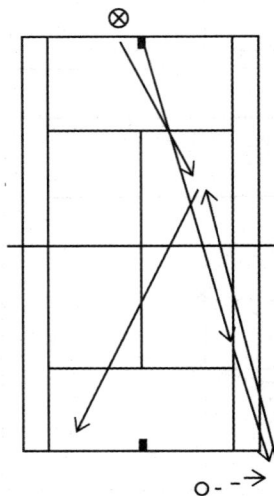

图 7-27　上网战术练习方法之一

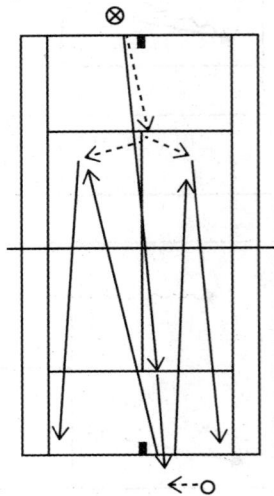

图 7-28　上网战术练习方法之二

（3）用第一发球力量发上旋球，发向对方发球区左区外角，上网至发球中线偏右处，主要封住对方反拍直线球，截击球至对方正拍区（如图 7-29 所示）。

（4）用平击发球或侧旋发球，发向左区内角后上网至中场处，截击至对方正、反拍底线深区，之后随球跟进，准备第二次近网截击（如图 7-30 所示）。

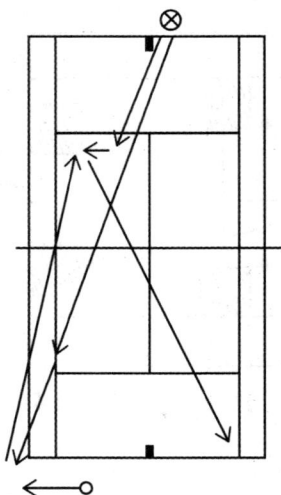

图 7-29　上网战术练习方法之三

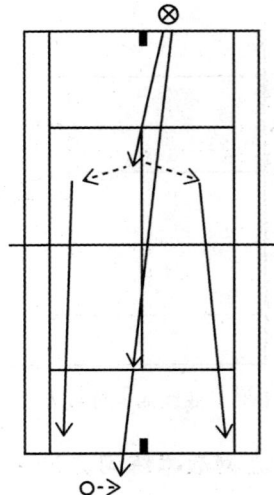

图 7-30　上网战术练习方法之四

• **学习要点**

（1）发球击球点前抛，发完球后维持平衡的上步即作为上网的第一步。

（2）尽量提高一发命中率。

（3）及时跳停，以便控制身体重心向各个方向移动截击。

（4）提高中场第一截击的质量。

2. 随球上网战术练习方法

（1）利用平击、侧旋、上旋等不同球速和不同落点的发球，使对手接发球出现质量不高的浅球或中场球。如回球落点在正拍的 2/3 区时，则可用正拍进行随击球上网；如回球落点在反拍的 1/3 区时，则可用反拍进行随击球上网。下面是几种常用的发球后随球上网方法（如图 7-31 所示）。

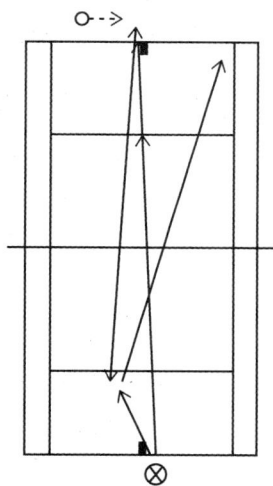

（1）正拍侧身打斜线（发内角一区）　　　（2）正拍打直线（一区发内角）

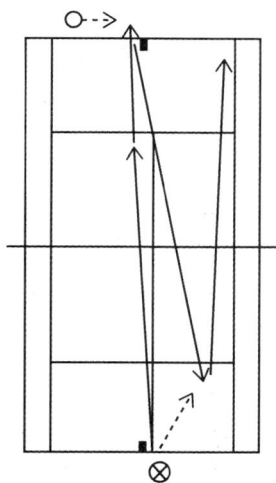

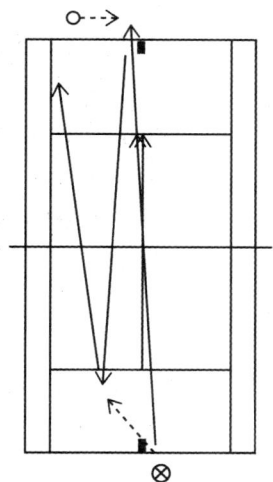

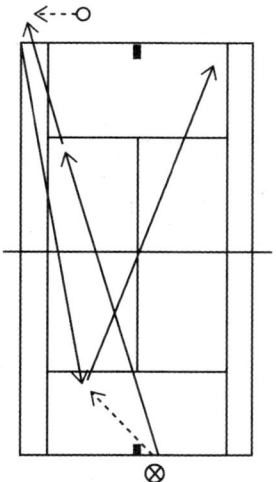

（3）正拍侧身打直线（一区发内角）　　　（4）反拍打斜线（一区发外角）

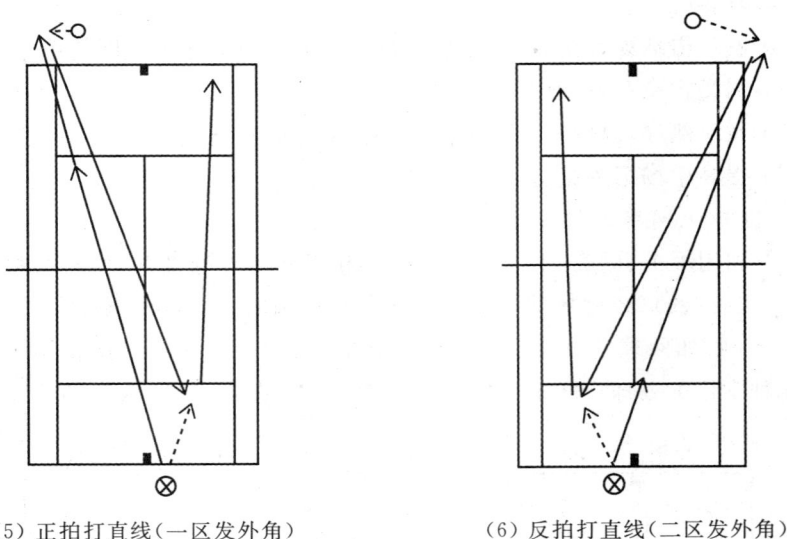

（5）正拍打直线（一区发外角）　　　（6）反拍打直线（二区发外角）

图 7-31　随球上网战术练习方法一

• 学习要点

① 采用多种击球技术,不断变化打法,破坏对方击球节奏。

② 判断准确,起动快,迎前击球。

③ 人随球动,迅速占据网前有利位置。

（2）在底线相峙对攻或对拉中,利用抽击球的速度、力量、旋转、落点等的变化来控制对手,使对手回出质量不高的浅球或中场球,抓住机会随击球上网(如图 7-32 所示)。

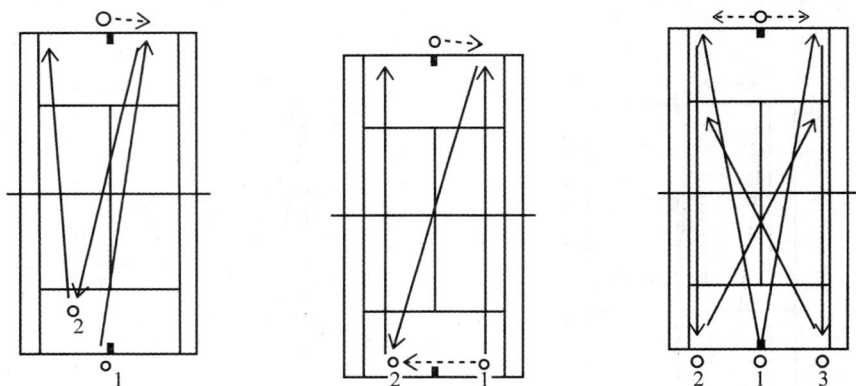

（1）连续多拍紧逼反拍,
迫使对手出现浅球。

（2）紧逼反拍后,突击正
拍使对手出错。

（3）连续两边大角度拉开
进攻,突然变线使对手回
出质量不高的球。

图 7-32　随球上网战术练习方法二

（3）对拉中突击大角度拉开后,放小球随球上网。

3. 接发球上网战术练习方法

(1) 接一区外角发球时,可用正拍抽击或推切球,回击直线上网,如图7-33(1)所示。

(2) 接一区内角发球时,可用反拍抽击或推切球,回击对手反拍上网,如图7-33(2)所示。

(3) 接一区内角或中路发球时,可用正拍侧身抽球,打向对方弱侧上网,如图7-33(3)所示。

(4) 接二区外角发球时,根据对方技术特点,利用反拍抽击或推切球,回击对手弱点上网,如图7-33(4)所示。

(5) 接二区内角或中路发球时,可用侧身正拍抽击或推切球,回击对方左右两侧上网,如图7-33(5)所示。

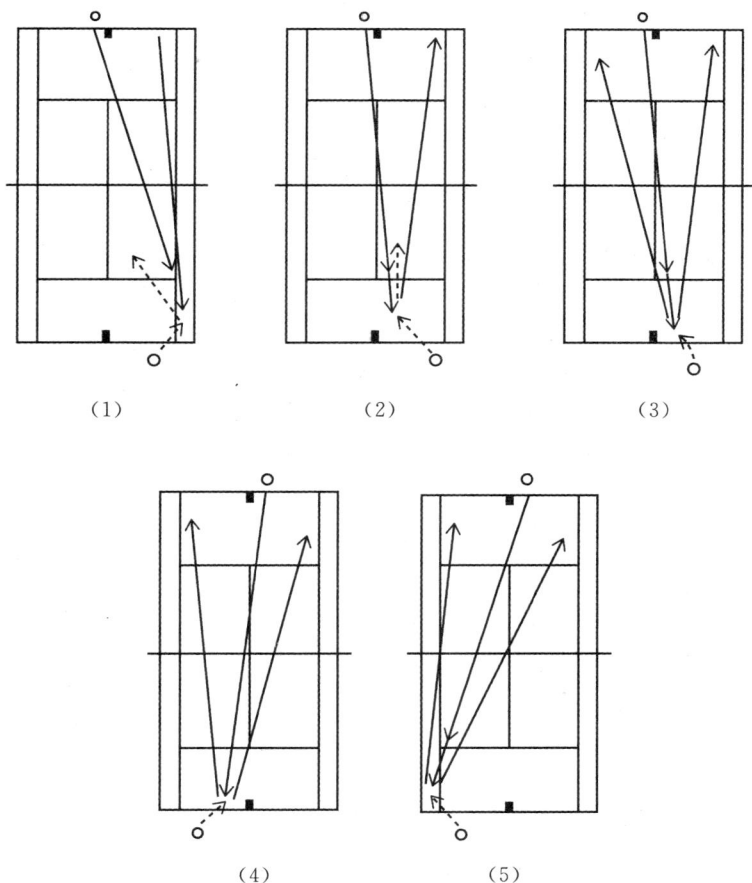

(1)　　　　　　　(2)　　　　　　　(3)

(4)　　　　　　　(5)

图 7-33　接发球上网战术练习方法

• **学习要点**

(1) 当对手发球瞬间,快速做分腿垫步,判清来球落点后,迅速迎上接发球。

(2) 击球动作要紧凑、果断、坚决,并顺势快速上至网前。

【拓展窗口】

如何在比赛中发挥出训练水平？

平日练习时候球技不错，各种刁钻各种致胜球，一到比赛场上立刻变成动作僵硬，四肢绵软，反应下降，还频频打丢机会球。不用害羞，这是多数业余选手都经历过或正在经历的痛苦，说到底问题还是在心理上。如何提高自己在比赛中的心理强度，发挥出练习时的真正水平呢？答案是还是练习，不过一味地在底线抽球并不会有很大的帮助。

下面几个训练方法，简单易行，可以帮助你模拟比赛中遇到的困难，真正提高比赛中的抗压能力。

【在干扰下练习】

图 7-34　在干扰中练习

业余比赛不像职业比赛，在比赛中遇到被干扰的情况并不多见，这个练习的目的就是让你淡定面对干扰。

以发球为例，在你练习发球的过程中，搭档要尽量对你进行干扰。比如在你抛起球来的时候喊"不要踩线"，在你发出好球时喊"擦网"或者"出界"，甚至在接发位置跳骑马舞也可以，总之怎么干扰怎么弄，你不能提出任何异议也不能赶走他，要尽快发出 20 个好球。这样都能做到的话比赛时也可以心无旁骛了吧。

【练习不能失误的机会球】

好不容易建立优势却在最后一拍让煮熟的鸭子飞了，这一定是比赛中你最不愿意丢分的方式，这个练习可以帮助你提高处理机会球的能力。

搭档喂给你不定点的多球，每组 10 个球，前 8 个为常规底线球，第 9 个是中场半高球，第 10 个是前场球（常规截击，半高球或者前场高压球）。前 8 个球可以任意处理，但第 9 个球必须打出侵略性并且不能失误，第 10 个球不能失误而且不能被搭档接回界内，否则这一组不算，重新开始。

【在练习中加入关键分】

跟对手水平相当,每一局都很接近,但却总在关键分上手软或者激动导致输球,这样的比赛总让人很遗憾。这个练习主要是提高你在局点,破发点,盘点赛点等分数时的心理素质。

在你和搭档在练习对拉。拉了 5 分钟你们觉得该喝水了,那么喝水前的这一分当作盘点来打,谁输了谁要请喝饮料。或者在做成组的练习时,把每组的最后一球当作关键分,这一分打丢就要给自己一些惩罚,比如做俯卧撑,折返跑,捡个球什么的。

【练习打不公平的比赛】

业余比赛多数都是信任制,你总可能遇到有意无意的误判(或者至少你以为是误判),这个时候缺乏经验的选手往往被影响情绪导致更多丢分。这个练习就是帮助你克服这种脆弱的心态。

首先找个脸皮厚一点的搭档做对手,然后跟他打一盘对你不公平的练习赛,凡是你的球落在底线或者边线附近半米以内,你的对手都可以根据他的心情和比分"决定"你这一球算不算出界,你只能忍气吞声,不能提出异议。

如果你成功通过上面的所有练习,恭喜你,你的心理素质上了一个台阶,相信不光是在球场上,在其他领域你也会更加游刃有余。

思考题

1. 单打基本战术有哪些?

2. 你对网球比赛中把握取胜策略有何体会?

3. 请分析打高点随击球和打低点随击球的技术动作及注意事项。

第八章　大学网球课程指南

第一节　大学网球课程目标和课程内容

一、课程目标

网球课程对于实施素质教育,培养学生良好的社会适应能力、顽强拼搏的精神,提高大学生抗挫折能力,提升学生良好的交际能力,促进学生德、智、体、美全面发展具有重要的意义。

通过网球初级、中级和高级课程的学习,学生将掌握网球的基本知识、基本技能和锻炼方法;通过网球运动使学生体验运动的乐趣和成功,养成体育锻炼的习惯,为终身体育锻炼打下良好基础,形成健康的生活方式和积极、乐观、开朗的人生态度。

二、课程内容

根据初级、中级和高级网球课程的要求,确定了初级、中级和高级课程的内容,设置了网球运动的基本知识、基本技术、基本战术、网球礼仪、网球规则和裁判法等方面的课程内容,以满足不同程度学生学习的需求,保证学生有效地达成学习目标。

（一）大学网球初级水平课程内容与要求

大学网球初级水平课程内容与要求如表 8-1 所示。

表 8-1　大学网球初级水平课程内容与要求

初级课程	理论教学	网球概述	网球史、网球礼仪
		专项理论	比赛场地、装备与着装要求,网球竞赛规则,球场区域概念的介绍
	专项技术教学	准备姿势	底线击球准备姿势
		基本步法	底线正反手抽球步法
		握拍法	东方式正手握拍法,东方式反手双手握拍法 介绍半西方式、西方式和大陆式握拍法
		底线抽球技术	正手平击抽球、反手双手抽球(反手单手抽球)
	身体素质练习	力量素质	阻力拉拍、阻力转腰、俯卧撑练习、蹲起跳、蛙跳、爬台阶等
		速度素质	网球场半场变方向跑动、快速跑、加速跑、变速跑
		耐力素质	连续跳绳:单脚或双脚连续跳绳

续　表

初级课程	身体素质练习	柔韧素质	躯干、腿部、肩胸部,结合动力性伸展、静力性伸展、被动伸展
		协调性练习	交叉步移动,开合步移动,持拍移动加挥拍
		节奏性练习	滑步变化节奏,口令调动移动,比如,喊 A 跳步然后滑步移动;喊 B 做关闭式步伐停止,击掌变换运动节奏,根据击掌快慢改变现有运动节奏
	教学重点		1. 正手抽球技术 2. 反手双手抽球技术
	教学要求		1. 掌握正确的握拍法,准备姿势和基本步法 2. 初步掌握正、反手落地球技术,在中等球速下往返对打5～6个回合 3. 能对来球有基本的判断 4. 基本了解网球史、懂得网球运动的基本礼仪 5. 对网球规则,有基本了解,知道记分,换位等有关比赛的基本程序

（二）大学网球中级水平课程内容与要求

大学网球中级水平课程内容与要求如表 8-2 所示。

表 8-2　大学网球中级水平课程内容与要求

中级课程	理论教学	网球欣赏	技、战术欣赏,行为举止欣赏,体育精神欣赏
		裁判法	网球裁判程序、裁判宣报、网球计分表的使用
		专项理论	截击球技术理论知识介绍 底线战术理论知识介绍
	专项技术教学	底线击球技术	正反手上旋抽球技术 反手削球技术
		截击球	正反手基本截击球技术、高位和低位正反手截击球、正对身体来球截击球、中场截击球
		发球	上手平击发球技术
		战术	双打战术
	身体素质练习	力量素质	阻力拉拍、蹲跳起,阻力转腰,皮带拽向前跑两人配合 连续团身跳:跳起有高度,双腿并拢,膝关节高于髋关节
		速度素质	网球场半场变方向跑动、快速移动,加速跑,追逐跑
		耐力素质	一分钟跳绳:单脚或双脚连续跳绳
		柔韧素质	躯干、腿部、肩胸部,结合动力性伸展、静力性伸展、被动伸展、PNF 伸展
		协调性练习	交叉步移动,开合步移动,持拍移动加挥拍,开放式步法,变节奏碎步,交叉步击掌,模仿网前截击步法
		节奏性练习	交叉跳步结合,预判步培养,用击掌代替球落地配合做跳步移动
	教学重点		1. 正反手基本截击球技术 2. 低位正反手截击球技术 3. 正手上旋抽球技术、反手削球技术 4. 双打战术

续　表

中级课程	教学要求	1. 较熟练掌握正、反手击落地球技术,动作合理协调、没有明显的缺点,在中等球速下能往返对打 10~12 个回合 2. 基本掌握网前截击球技术,网前截击技术能在实战中有所运用 3. 基本掌握上手发球技术 4. 进一步提高判断能力,对来球能预先做出反应 5. 基本战术意识形成,有一定的临场比赛经验 6. 了解基本的裁判法

(三)大学网球高级水平课程内容与要求

大学网球高级水平课程内容与要求如表 8-3 所示。

表 8-3　大学网球高级水平课程内容与要求

理论教学	小型竞赛组织法	单淘汰赛、单循环赛和分组循环赛
	专项理论	侧上旋发球技术动作分析 单打战术
专项技术教学	随击球技术	正反手随球上网技术
	上手发球技术	侧上发球
	挑高球技术	进攻性挑高球
	高压球技术	凌空高压球
	接发球技术	正反手接发球技术
	战术	底线战术、上网战术
高级课程	身体素质练习 力量素质	负重移动,皮带阻力练习,发球肌肉群的阻力刺激、变速跑 1200 米在田径场直道加速跑,弯道慢跑;连续跑 2000 米,400 米多组跑团身跳多组,跳台阶向上,立卧撑
	速度素质	网球场半场变方向跑动,快速跑 30 米,20 米,加速跑冲刺
	耐力素质	3 分钟跳绳:单脚或双脚连续跳绳
	柔韧素质	躯干、腿部、肩胸部,结合动力性伸展、静力性伸展、被动伸展、PNF 伸展
	协调性练习	交叉步移动,开合步移动,持拍移动加挥拍,开放式步法,变节奏碎步,交叉步击掌,模仿网前截击步法,触网后后退模仿高压步法再回网前触网多次练习
	节奏性练习	交叉跳步结合,预判步培养,用击掌代替球落地配合做跳步移动,折返移动,根据口令变化速度,并且变化急停转身方式
	教学重点	1. 随击球技术 2. 侧上旋发球技术 3. 挑高球技术 4. 高压球技术 5. 底线和上网战术
	教学要求	1. 熟练掌握正、反手底线落地球技术,击球有力,能控制深度和落点 2. 发球有一定的成功率且既有一定的攻击性 3. 大多数截击球能控制方向落点、深度和速度 4. 初步掌握挑高球和高压球技术 5. 具有一特长球作为主要的得分手段 6. 有较成熟的战术意识,逐步培养战略意识

第二节　大学网球课程选课指南

　　根据目前全国高校开设网球课的实际情况,结合国际网球联合会、美国网球协会和中国网球协会颁布的网球技术等级标准,将网球课程设为初级、中级和高级课程,使高校网球课程能与当前国内外普遍流行的网球技术等级做一有效的衔接,给同学们选课时提供一个依据。同学们可以根据自身的情况,选择适合自己的课程。

　　初级、中级和高级课程的设置考虑到了学生在学习方面的个体差异,基本符合现阶段全国高等学校网球课程开设的要求,同时也为满足学有余力的学生进一步提高网球运动水平的需要打下良好的基础。

　　大学网球课程标准与中国网球协会、国际网联、美国、加拿大网球协会颁布的网球技术等级标准对照表(如表 8-4 所示)。

表 8-4　大学网球课程标准与网球技术等级标准对照表

高校网球课程标准	中国	国际网联	美国、加拿大	技术特征	身份描述
	CTA9 级	1 级	7.0	此等级球员力量及连贯性好,在比赛环节中战术及风格多样。在压力环境下能可靠的击球	职业和专业运动员
			6.5		
		2 级	6.0		
			5.5		
	CTA8 级	3 级	5.0	此等级球员在比赛中对击球有良好的预见能力及突出的击球能力,尽量避免击球失误并能取得胜利。能够处理好截击球、高球、中场截击球、高压球,发球稳定多变	高水平业余选手
	CTA7 级	4 级	4.5	此等级球员可以很好地控制击球的力量和旋转,并开始处理步伐,能控制击球深度,并根据对手情况变换战术。可大力击出已发并准确控制而发。双打比赛中网前具有攻击性	
	CTA6 级	5 级	4.0	此等级球员具备可靠的击球能力,包括对控球方向、击落地球和中场球的深度,还有击打高球的能力,高压球、上网击球、截击球较好。双打比赛协作能力明显	
高级	CTA5 级	6 级	3.5	此等级球员上网具有攻击性,对球场覆盖能力和击球的控制有所提高。需要加强双打能力的练习	中等水平业余选手
	CTA4 级	7 级	3.0	此等级球员中距离击球连贯,步伐和谐,缺乏对击球方向、深度和力度的控制	

续　表

高校网球课程标准	中国	国际网联	美国、加拿大	技术特征	身份描述
中级	CTA3级	8级	2.5	此等级球员正在学习如何判断球路和短距离连续击球,球场覆盖能力差	初等水平业余选手
	CTA2级	9级	2.0	此等级球员熟悉单打和双打比赛的规则,但是击球环节薄弱,需要更多的场上经验	
初级	CTA1级	10级	1.5	初步掌握发球、对打和得分,比赛经验有限,需要不断坚持练习	初学者
		10.1级	1.0	开始可以连续击球	
		10.2级		掌握一些最基本的击球要领,能击球,但还没有来回	
		10.3级		刚刚入门的初学者,开始打网球,做一些与网球相关的练习	

第三节　大学网球专项技术、专项理论和身体素质评价内容与评价方法

一、大学网球课程评价内容与权重

(一)评价内容

除了学习过程、运动参与和理论外,初级课程测试:对墙连续击球或场上正、反手底线击球(方法一);中级课程测试:场上正、反手底线击球(方法二)或截击球;高级课程测试:上手发球。

(二)权重

(1)学习过程占总成绩的10%。

(2)运动参与占总成绩的10%。

(3)身体素质占总成绩的30%(包括一般身体素质和专项身体素质)。

(4)运动技能占总成绩的40%(其中技术评定占10%)。

(5)理论占总成绩的10%。

二、评价方法

大学网球课程分初级、中级和高级三个级别,包括定性和定量两个部分,三个级别均按100分制评分。

（一）专项素质测试

1. 场上变方向移动测试方法

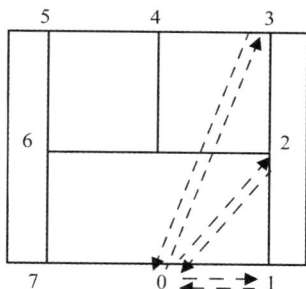

图 8-1　场上变方向移动测试方法

如图 8-1 所示：将端线处中点设定为 0 位，考生从 0 位依次向 1 位、2 位……直到 7 位移动，用手将预先放在 1 至 7 位的网球拨开，（每次移动触球或第 3、4、5 点触网后都需回到出发点 0 位）并返回 0 位结束，计算成绩。

2. 跳绳测试方法

跳绳测试按 1 分钟所跳个数计算成绩，跳绳方式不限（双飞跳按两个计算），可测 2 次计最好成绩。

（二）专项技术测试方法

1. 对墙连续击球

男生离墙 7 米，女生离墙 6 米，考生在线后对墙连续击球，可凌空击球，球落地 2 次算失误，击球时脚踩线或进入线内击球的次数不算，但不作失败；测 2 次计最好成绩。

对墙击球技术评定标准：动作协调、用力合理、动作规范（引拍自然到位、随挥动作完整）

2. 场上正、反手底线击球

方法一：教师用多球一个个地将球送到考生的正、反拍处，考生站底线中央处用正、反手底线击球，计成功个数。

方法二：教师站底线处与考生连续对打，将球有控制地击到考生的正、反拍处，考生站底线中央处用正、反手底线抽球技术连续击球，计成功个数。

正、反手底线击球技术评定标准：准备姿势正确、步法协调合理、动作正确、流畅、引拍、挥拍和随挥动作完整。

3. 正反手截击球

考生在离网 1.5 米后处准备，用正手和反手各截击 5 个从底线处送来的球，将球截击至发球横线后的单打区域有效，计成功个数。

截击球技术评定标准：准备姿势正确，动作协调简洁，有迎前截击动作，有一定的力度。

4. 上手发球

考生站有效发球区内,在右区和左区各发 5 次、发入发球区有效,计成功个数。

上手发球技术评定标准:准备姿势正确,动作协调,挥拍击球线路正确,随挥动作完整,有一定的力度。

(三)专项技术评分标准

网球专项身体素质跳绳和场上移动评分表如表 8-5 所示。

表 8-5　网球专项身体素质跳绳和场上移动评分表

分数	跳绳/男(个/分)	跳绳/女(个/分)	场上移动/男	场上移动/女
100	160	165	31″	35″
95	150	155	31″5	35″5
90	140	145	32″	36″
85	130	135	32″5	36″5
80	120	125	33″	37″
75	110	115	33″5	37″5
70	100	105	34″	38″
65	90	95	34″5	38″5
60	80	85	35″	39″
55	75	80	35″5	39″5
50	70	75	36″	40″
45	65	70	36″5	40″5
40	60	65	37″	41″
35	55	60	37″5	41″5
30	50	55	38″	42″

网球专项技术评分表如表 8-6 所示。

表 8-6　网球专项技术评分表

分　数 ＼ 项目成绩	对墙击球		正反手底线击球		上手发球/截击球	
	男	女	男	女	男	女
100	45	35	10	10	10	10
95	40	31	9	9	9	9
90	35	27	8	8	8	8
85	30	23		7		7
80	25	20	7	6	7	6
75	20	17				
70	17	14	6	5	6	5
65	14	12				
60	12	10	5	4	5	4
55	10	9				
50	9	8	4	3	4	3
45	8	7				
40	7	6	3	2	3	2
35	6	5	2		2	
30	5	4	1	1	1	1

思考题

1. 大学网球课程目标和课程内容有哪些？

2. 大学网球课程选课指南对你有哪些帮助？

3. 简述大学网球专项技术测试的方法。

竞赛篇

JINGSAI PIAN

第九章　网球规则与网球裁判法

第一节　网球运动简明规则

一、场地

　　网球场地应该是长方形,长度为 23.77 米(78 英尺),单打比赛的场地宽度为 8.23 米(27 英尺),双打比赛场地的宽度为 10.97 米(36 英尺)。场地由一条挂在绳索或钢丝绳上的球网从中间处分隔开,所使用的绳索或钢丝绳附着或挂在 1.07 米(3.5 英尺)高的两根网柱上。球网中心的高度应当为 0.914 米(3 英尺),并且用中心带向下绷紧固定。球场端线到后面的挡网至少需要 6.40 米,边线到侧面的挡网至少需要 3.66 米的空间距离(如图 9-1)。

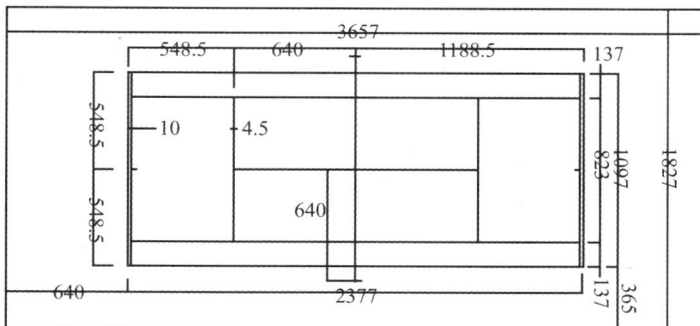

图 9-1　网球场地

二、比赛的计分

　　(1) 一场比赛的计分:一场比赛可以采用三盘两胜制(或男子采用五盘三胜制),先赢得二盘(或三盘)的运动员/队赢得这场比赛。

　　(2) 一盘比赛的计分:一盘比赛可选择"长盘制"或"平局决胜局制"两种计分方法。"长盘制"是先赢得 6 局并净胜对手两局的运动员/队才赢得这一盘。"平局决胜制"是先赢得 6 局并净胜对手两局的运动员/队才赢得这一盘,当局数比分 6:6 时,则需进行"平局决胜局"。

　　(3) 一局中的计分:一局中的计分可以有"常规局"和"平局决胜局"。在一个常规局的比赛中,报分时应首先报发球运动员的比分,计分如下:无得分,0(love);第一分,15(fifteen);第二分,30(thirty);第三分,40(forty);第四分,局比赛结束(game)。若两名运动员/队都获得了三分,则比分为"平分"(deuce)。"平分"后如果一名运动员/队获得了下一分,则比分为"占先"(advantage),如果"占先"的这名运动员/队又获得了下一分,他即赢得了这一局(game);如果"占先"后是另一名运动员/队获得了一分,则比分仍为"平分"。一名运动员/队需要在"平分"后连续获得两分,该运动员/队才能赢得这一局。

在平局决胜局中,使用0、1、2、3分等来计分。首先赢得7分并净胜对手两分的运动员/队赢得这一局及这一盘。在需要时决胜局必须继续进行,直到一方运动员/队净胜对手两分为止。在平局决胜局中首先发第一分球,随后的两分由他的对手发球(在双打比赛中,对方队中轮及应该发球的运动员进行发球)。此后,每一名运动员/队轮流连续地发两分球直到平局决胜局结束(在双打比赛中,两队应按照与该盘中相同的发球顺序轮流连续发球)。

三、场地和发球的选择

在准备活动开始前,通过掷币的方式决定获得挑选场地和比赛的第一局谁作为发球员或接发球员的权利。掷币获胜的运动员/队可以进行以下方式的选择:

(1)在比赛的第一局中选择发球员或接发球员,在这种情况下,对手应选择在比赛的第一局所处哪一边的场地。

(2)选择在比赛的第一局所处哪一边的场地,在这种情况下,对手应选择在比赛的第一局作为发球员或接发球员。

(3)要求对手对以上两种方法作出任何一种的选择。

四、交换场地

运动员应在每盘的第一局、第三局和随后的每一个单数局结束后交换场地。运动员还应在每一盘结束后交换场地,除非在这盘结束后双方所得局数之和为偶数时,在这种情况下运动员则在下一盘第一局结束后交换场地。在平局决胜局中,运动员应在双方累计分每达到6分后就交换场地。

五、活球期和压线球

除了做出发球失误或重发的呼报之外,球从发球员击出的那一时刻开始直到该分结束都为活球。如果球接触到线,则这个球被认为是落在由该线作为界线的场地之内。

六、发球次序和双打的接发球次序

在每一个常规局结束后,该局的接发球员在下一局中应该成为发球员,该局的发球员在下一局中应该成为接发球员。双打比赛中,在每一盘第一局开始前,由先发球的那队选手决定哪一名运动员先在该局发球。同样地,在第二局开始前,他们的对手也应当做出由谁在该局先发球的决定。第一局先发球的运动员的同伴在第三局发球,第二局先发球运动员的同伴在第四局发球。这个轮换次序一直延续,直到该盘结束。

双打中,在每一盘的第一局,首先接发球的那队要决定哪一名运动员在该局接第一分发球。同样,在第二局开始前,他们的对手也应当决定哪一名运动员在该局接第一分发球。先接第一分发球的运动员的同伴应当接本局的第二分发球,这个次序一直延续,直到该局和该盘结束。接球员接完发球后,该队中的任何一名运动员都可以回击球。

七、发球和发球的程序

在开始发球动作前,发球员须站在端线后,中心标志的假定延长线内侧和边线假定延长线外侧之内的区域里进行发球。

在一个常规发球局中,每一局的发球员都应当从场地的右半区开始,交替站在同侧场地的两个半区发球。在平局决胜局中,第一分发球应当从场地的右半区开始发出,然后交替从场地的左半区开始发球。

八、发球失误和第二次发球

下列情况为一次发球失误:

(1)发球员违反了前述第6条的规定,也就是发生了"脚误"。

(2)发球员试图击球时未能击中。

(3)或者发出的球在触地前碰到了永久固定物、单打支柱或网柱。

(4)发出的球触到了发球员或发球员的同伴,或发球员和发球员同伴所穿戴的或携带的物品。

第一次发球失误,发球员应当立即从他该次发球失误的同一半区后面的规定位置再发一次,除非发球失误的这次发球是从错误的半区发出的。

九、何时发球和接发球

发球员应该在接发球员做好准备以后再发球。

当接发球员试图回击发球时则被认为他已做好准备。如果能够证实接发球员确未做好准备,那么该次发球不论是好球还是失误都应重发。

十、发球中的重发和重赛

如果出现下列情况应重新发球:

(1)发出的球触到了球网、中心带或网带后落在有效发球区内;或在球触到了球网、中心带或网带后落地前触到了接发球员或其同伴,或他们所穿的或携带的任何物品;

(2)或者球发出后,接发球员还没有做好准备,发球员应重新发球,但不能取消重新发球前的发球失误。

如果出现下列情况应重赛：

（1）在活球状态下，球破了。

（2）在活球状态下，受到了意外干扰，如从场外滚进了一只球，或跑进了一条狗，或是晚上比赛灯光突然熄灭了，等等。

十一、运动员失分

如果出现下列情况，运动员将失分：

（1）发球员连续两次发球失误。

（2）在活球状态下，运动员在球连续两次触地前不能将球回击过网。

（3）在活球状态下，运动员回击的球在落地前触到有效击球区外的地面或其他物体。

（4）在活球状态下，运动员回击的球在落地前触到永久固定物。

（5）接球员在球没有落地前回击发球员发出的球。

（6）运动员故意用球拍拖带或接住处于活球状态中的球，或故意用球拍触球超过一次。

（7）在活球状态下的任何时候，运动员或他的球拍（无论球拍是否在他手中），或他穿戴的或携带的任何物品触到球网、网柱/单打支柱、网绳或钢丝绳、中心带或网带，或对手场地的地面。

（8）运动员在球过网前击球。

（9）在活球状态下，除了运动员手中的球拍以外，球触及运动员的身体或他穿戴的或携带的任何物品。

（10）在活球状态下，球触到了运动员的球拍，但球拍不在他的手中。

（11）在活球状态下，运动员故意并实质性地改变了球拍的形状。

（12）双打比赛中，在一次回击球时，同队的两名运动员都触到了球。

十二、有效回击

如果是下列情况，属于一次有效回击：

（1）球触到了球网、网柱/单打支柱、网绳或钢丝绳、中心带或网带并且越过球网上面后落到有效场地内。

（2）在活球状态下球落在有效场地内后由于旋转或被风吹回过网，该轮到击球的运动员越过网击球，将球击到有效场地内，并且运动员没有违反规则第24条的规定。

（3）回击的球从网柱外侧，无论该球是高于还是低于球网的上部高度，即使触到网柱，只要落在有效场地内，规则第2条和24(d)条除外。

（4）球从单打支柱及其附属网柱之间的网绳下面穿过而又没有触及球网、网绳或网柱，并且球落在有效场地内。

（5）运动员的球拍在回击自己球网一侧内的球后随球过网,球落入有效场地内。

（6）在活球状态下,运动员击出的球碰到了停在正确场地内的另一个球。

十三、干扰

如果运动员在某一分球的比赛中受到对手故意举动的干扰,那么这名运动员应当赢得该分。然而,如果运动员在某一分的比赛中受到他对手非故意举动的干扰,或者某些运动员自身无法控制(除场地上的永久固定物外)的妨碍时,这一分应当重赛。

十四、指导

以任何可听到的或可看到的方式对运动员进行交流、建议或各种指示都被认为是指导。在团体赛中运动员可以接受坐在场上队长的指导,但是这种指导只能在每盘结束后的间歇和单数局结束运动员交换场地时进行。但是在每一盘的第一局结束后和决胜局中交换场地时不能进行指导。在其他的任何比赛中,运动员都不能接受指导。

第二节　网球裁判方法简介

一、裁判员常规要求和行为规范

1. 基本要求

（1）必须了解竞赛规程。

（2）应穿着得体(短裤,拖鞋,皮鞋等禁止穿着上场)。

2. 赛前准备

（1）准备上场必备的工具和设备。

（2）关注负责场地的比赛的比分变化,做好准备随时上场。

（3）主动寻找运动员(通过各种途径找运动员,未找到前不能停下)。

（4）必须提前到达赛场(避免运动员等裁判员)。

（5）禁止带手机上场(看时间也不行),严禁在场内吸烟。

3. 赛中要求

（1）不许在裁判椅子上跷二郎腿。

（2）不许背靠在椅子上面,不要缩着身子。

（3）呼报一定要响亮,特别是近线球。

（4）注意先(果断)判定,再报分(看着失分方),最后(快速)记分三部曲。

4. 赛后规范

（1）必须在比赛结束后立即上交记分表(业余比赛一场接一场)。

（2）不许评价其他裁判的工作，不与运动员、教练交往太过亲密。

（3）应在指定地点休息，随时听候裁判长安排工作。

（4）所有比赛未结束前，未经裁判长允许，不得到场地上去打球。

二、主裁判工作程序和方法

（一）赛前

（1）熟悉规则、竞赛规程、运动员行为准则。

（2）准备临场工作的基本工具。

临场工作的基本工具有：计分表、铅笔2支、秒表、挑边器、量尺、比赛球等。

（3）先于运动员到达场地，做好"检查、开会和挑边"三件工作。

①做好相关检查

a. 检查单打支柱：应在球网相反两侧，单打边线外0.914米处安放单打支柱。如是双打则应取掉单打支柱。

b. 检查球网高度：球网中心带高度为0.914米。

c. 检查主裁判椅的位置：应距网柱1米左右。

d. 检查司线员座椅：应背对太阳，尽可能在主裁判对面。

e. 检查网球：应带足够新球完成比赛，准备1～2个旧球，作为丢失球的替补。

f. 检查饮水、毛巾、运动员座椅遮阳伞等。

②召开赛前会议

a. 手持球和挑边器，面对裁判椅在网前等运动员。

b. 赛前会议应简短地告知运动员：赛制（3盘2胜、平局决胜、有无占先等）；用球多少、何时换球；有无司线或球童等。

③完成挑边

a. 主裁判直接决定双方运动员对应挑边器的哪一边。

b. 投掷挑边器落在地上，等待运动员选择完毕再捡起。挑边获胜运动员可选择发球或接发球，选择场地，或要求对方选择。

c. 检查运动员着装是否符合规范。

（二）准备活动期间（5分钟）

（1）在运动员第一次击球时开表计时。

（2）观察运动员击球，并完成记分表的填写。

（3）完成准备活动的宣报。

①"three minutes"。在准备活动还剩三分钟时宣报"还剩3分钟"。

②"two minutes"。在准备活动还剩二分钟时宣报"还剩2分钟"。

③"one minute"。准备活动还剩一分钟时宣报"1分钟"，并介绍比赛和挑边等情况。

（4）"time，prepare to play"。当准备活动结束时，宣报"时间到，准备比赛"。

（三）赛中

1. 宣布比赛开始

"＊＊to serve，play"。在双方运动员已准备好好时记录比赛开始时间，同时宣报"＊＊发球，比赛开始"。

2. 完成正确的呼报

fault(foot fault)失误（脚误）、net 擦网、out 出界、through 穿网、foul shot(touch)、击球犯规（触球）、hindrance 干扰、let(replay)重发（重赛）、correction(overrules)更正（改判）、not up 两跳。

3. 完成正确的宣报

（1）一分球结束后，完成比分的呼报

①比分宣报如下。

15－0、0－15、15－15、15－30、15－40、30－40、deuce（平分）、advantage＊＊（＊＊占先）等。

②一分结束后（局、盘结束后报分同样）报分做到"三步曲"。

a. 果断判定：界内球只做界内手势，发球失误或界外球大声呼报并配以手势。

b. 响亮报分：眼睛注视失分方报分。

c. 快速计分：快速完成记分，随后关注场地上的情况。

③如果采用无占先记分制，平分后应宣报："决胜分——接发球方选择。"

（2）一局、一盘或比赛结束后，按惯例宣报

①"Game ＊＊，first game"；"第一局结束，＊＊胜"。

②"Game ＊＊，＊＊leads，two games to love(or one game all)"；"本局＊＊胜，＊＊领先局数 2 比 0（或局数 1 平）"。

③"Game ＊＊，6 games all，tie-break"；"本局＊＊胜，局数 6 平，平局决胜局"。

（3）决胜局报分

先报比分，后报领先运动员姓名，one-zero Liu（1－0，刘），two all（2 平），four-three zhao（4：3，赵）。

（4）一盘或比赛结束后，按惯例宣报

①"Game and first set Liu，six games to one"；"本局和第一盘刘胜，局数 6 比 1"。

②"game set and match Zhao，two sets to one，six-one、five-seven、seven-six"；"全场比赛结束，赵胜；盘数 2：1，局数 6：1，5：7，7：6"。

4. 按照常规，在计分纸上记录比分和违反行为准则等情况

主裁判应按以下方式填写记分表（包括罚分表）见表9-1、表9-2。

（1）赛前：在双方运动员的赛前会议之前，按国际网联记分表要求的内容填写完成，如比赛名称、轮次、换球、运动员姓名等。

（2）挑边：挑边后，注明何方获选择权及双方运动员的选择。

（3）比赛时间/中断时间：注明每盘比赛的起止时间。注明比赛期间任何暂停的时间和原因。

（4）发球方的位置：注明每一个运动员在每盘比赛中发球的先后顺序，在记分表相应的"发球区域"一栏中注明发球运动员在场地上的准确位置。

（5）换球：赛前事先在国际网联的记分表右侧换球局标志栏里做好换球的标记。

（6）记分：应在记分表小空格内用斜线标记分数，或用以下符号：

"A"—ACE球；"D"—双误；此外，在发球方空格的底线中央点一小点"."，表示第一次发球失误。

（7）局数：在局数栏中，记录获胜方在本盘赢得的累计局数。

（8）行为准则和时间准则：当一位运动员因违反行为准则或时间准则而受到处罚时，应在记分表运动员一栏中做"C"或"T"标记。当运动员被罚一分或一局时，应在得分运动员一栏的空格中填写"X"。违反行为准则和时间准则的记录应在相应运动员的一栏中填写。

（9）陈述：记录所有违反准则的情况，对污秽语言或骂人的内容应逐字加以引述。

表 9-1　网球记分表

表 9-2　网球罚分表

SCORE				SET No. 1	
Team/Player(s)	辛吉斯		7	Time finished 10：20	
Team/Player(s)	威廉姆斯		6		
			4		

5．对事实问题做出裁决,对涉及规则问题无法解决时请裁判长处理

6．对干扰、比赛暂停、运动员违反行为准则、上厕所、医疗暂停等特殊规则做出裁决(详见网球特殊规则的运用)

7．维持观众秩序,确保比赛顺利进行

(四) 赛后

1．收回比赛用球和随身工具,尽快离开比赛场地

2．完成计分表,检查后尽快送交裁判长

3．向裁判长汇报场上有无违反行为准则等情况

三、网球特殊规则的运用

1．网球规则问题和事实问题

比赛中规则问题首先应由主裁判裁决,若主裁判对此问题的裁决无把握,或运动员对主裁判的裁决提出申诉时,则由国际网联监督/裁判长做出裁决。这个裁决是最终裁决,运动员不可再申诉。

比赛中出现的"事实问题",应由该场比赛的临场裁判人员裁定,运动员、监督/裁判长均应服从此裁决。对于事实问题,运动员无权向国际网联的监督/裁判长提出申诉。

2．连续比赛/延误比赛

除交换场地时间间隔为 90 秒,盘间休息时间为 120 秒外,前一分球成死球至下一分球开始被击出之间最长的时间间隔为 20 秒。

3．暂停和延期比赛

因天黑、场地条件或天气情况的影响,主裁判/裁判长可暂时停止或延期比赛。在比赛中断、暂停或延期后,临场裁判按如下流程操作:

(1) 收好比赛球,记录比分、运动员场上的位置等。

(2) 对暂停时间的处理。

①暂停 0～15 分钟无准备活动。

②暂停 15～30 分钟,准备活动 3 分钟。

③暂停 30 分钟以上,准备活动 5 分钟。

(3) 重新开始比赛,准备活动使用旧球。

4．干扰

(1) 裁判员的干扰

①如果是将"出界球"的呼报改判为"界内球",除非主裁判明确判定该球是

明显的发球直接得分,或对方根本无法完成的击球,否则该分必须重赛。如果有任何理由认为该球本可以进行比赛的,则必须做出有利于运动员的裁定。

②如改判宣报是从"界内球"改为"出界球",因该分已经结束,则不存在干扰。

③如果在运动员击球前呼报脚误,则该分重赛。

(2)场外干扰

比赛中或发球过程中,如果受到不能控制的情况的干扰(一个球滚入场地内,一张纸吹进场地内等等),此分均应重赛。如果观众席上发出"出界"呼叫和其他类似的骚扰,则不被认为是干扰,原比分有效。

(3)干扰对方

如一方运动员干扰他/她的对方,则可分为无意干扰或有意干扰。

①当一方运动员产生无意的干扰(如球从口袋中掉出来,帽子脱落等),第一次出现则该分重赛。但他应被告知,若再犯,则将被视为故意干扰。

②由运动员引起的任何故意干扰,应判罚其失一分。

5. 运动员违反行为准则的判罚

(1)当运动员违反行为准则并按四级罚分制进行处罚时,应按下列范例宣报:

"违反行为准则,延误比赛,警告,先生/女士。"

"违反行为准则,说脏话,罚一分,先生/女士。"

"违反行为准则,乱摔球拍,罚一局,先生/女士。"

"违反行为准则,骂观众,取消比赛资格,先生/女士。"

(2)无故拖延时间而违反时间准则,按以下范例宣报:

"违反时间准则,警告,先生/女士。"

随后每一次拖延:

"违反时间准则,罚一分,先生/女士。"

6. 医疗暂停的操作流程

运动员请求医疗暂停时,首先判定是否给予治疗,如果给予3分钟治疗,则按下列流程操作:

(1)请大会医生到场,并记录时间。

(2)听到医生开始治疗后重新开始计时,并告之对方运动员和场上观众。

(3)告知医生、运动员治疗时间进程:

①"Two minutes remaining";"还剩2分钟"。

②"One minute remaining";"还剩1分钟"。

③"Thirty second remaining";"还剩30秒"。

④"Treatment complete";"治疗完成"。

(4)宣布时间到,开始比赛。

7. 上厕所和更换服装的规定

规则规定男子5盘3胜、女子3盘2胜的比赛中,运动员有两次上厕所的机会,男子 3 盘 2 胜只有一次。双打时,如本方一位运动员上厕所,等同于伙伴也用过了上厕所的机会。

请求上厕所(换服装)必须在一盘比赛结束后,或是局间交换场地时进行。运动员去厕所时,确保有裁判员进行监督。

8. 对断弦球拍的规定

(1)网球比赛中,运动员不可使用弦线已断的球拍开始一分球的比赛。

(2)如在比赛进行中,一方球员的球拍弦线断裂,他可以使用此拍赛完该分。

(3)当发球方的一发重发时(如发球擦网后落在有效发球区),接球方拍弦断裂,这时接球方必须立即更换球拍。

(4)当发球方一发失误时,接发球方拍弦断裂,这时他有二种选择:

①立即更换球拍,但发球方获得重发球的机会。

②选择已断裂的球拍继续比赛,发球方只能进行二发。

9. 电子回放系统的使用程序(鹰眼)

在使用电子回放系统的网球赛事中,在设有该系统的场地上的比赛应当遵循以下程序。

(1)只有在一分球的最后一击时或运动员/队主动停止进行中的比赛(可以允许回球,但之后运动员必须立即停止比赛)时,才能允许运动员要求对司线员的呼报或者主裁判的改判查看电子回放。

(2)当对司线员的呼报或改判有疑问时,主裁判应当决定使用电子回放系统。然而,如果主裁判确信运动员提出不合理的要求或者没有及时提出要求,他可以拒绝使用电子回放系统。

(3)在双打比赛中,申诉的运动员/队必须以停止比赛或主裁判终止比赛的这种方式提出申诉。如果运动员/队向主裁判提出了申诉,主裁判首先必须决定是否符合正确的申诉程序。如果申诉程序不正确或申诉的时间已晚,那么主裁判可以判定对方运动员/队受到故意干扰,在这种情况下申诉运动员/球队将失分。

(4)如果电子回放系统由于任何原因不能对司线员的呼报或改判做出判定时,原先的呼报或改判将保持不变。

(5)主裁判的最终判决将是电子回放的结果,且这是不可申诉的。如果手动控制的电子回放系统被要求回放某个特定的球印,应由裁判长任命的官员决定将回放哪一个球印。

(6)每位(每对)运动员在每盘比赛中有 3 次申请查看电子回放的机会,当运动员申述获胜时则仍保留有 3 次机会,如申述失败则减去 1 次机会,如用完了规定的申请次数后将不得进行申请;当比分 6∶6 进行平局决胜局时,双方运动员均增加 1 次申请的机会。

四、网球备选记分法

1．"无占先"记分法

在一个"无占先"局的比赛中，如果双方运动员/队都赢得三分，比分为"平分"时，再比一分决定该局的胜负。

接球方有权选择在场地左半区或是右半区接发球。

双打比赛中，进行决胜分比赛时接球方的两名队员不能改变接球站位。

在混双比赛中，与发球员同性别的接球员应当接决胜分的发球，接球方的运动员不能改变接球站位去接决胜分的发球。

2．"短"盘制

谁先赢得四局并净胜对手两局的运动员/队赢得这一盘。如果局数比分达到 4∶4 时，将进行一个"平局决胜局"的比赛。

3．七分制平局决胜局

当比赛的盘数比分达到 1∶1，或在五盘三胜制的比赛中盘数比分达到 2∶2 时，用一个"平局决胜局"来决定比赛的胜负。这个"平局决胜局"代替最后的决胜盘。

谁先赢得对手 7 分并净胜两分的运动员/队，谁将赢得"平局决胜局"和整场比赛。

4．十分制平盘决胜局

当比赛的盘数比分达到 1∶1，或在五盘三胜制的比赛中盘数比分达到 2∶2 时，用一个"平局决胜局"来决定比赛的胜负。用这个"平局决胜局"来代替最后的决胜盘。谁先赢得对手 10 分且净胜两分的运动员/队，谁将赢得"平局决胜局"和整场比赛。

当采用"平局决胜局"代替最后的决胜盘时，原先的发球顺序不变；在双打比赛中，就像每盘开始时那样，各队的发球和接发球顺序可以改变；在"平局决胜局"比赛开始前，应有一个 120 秒的盘间休息；即使在"平局决胜局"前本应该换球的，此时也不能换球。

五、司线和球童工作姿势和手势

1．司线标准手势如下（如图 9-2）

准备工作状态　　进入工作状态　　出界　　界内球　　更正或脚误

准备工作状态　　进入工作状态　　界内球　　出界（与主裁判同侧）　　未看见

图 9-2　司线标准手势

2. 球童工作姿势（如图 9-3）

①底线球童工作姿势。要求双脚站立同肩宽，手或球放在背后，比赛期间球不能露出。
②底线球童抛球姿势。要求单手举球过头顶，另一手持球在身体侧面，掌心朝前。
③底线球童无球手势。要求双臂伸直在身体两侧展开，掌心朝前，确认手中无球。
④底线球童有球手势。要求双臂在身体侧面，掌心朝前。

⑤、⑥网前球童赛前工作姿势。站在场地内，面向主裁，手置于背后。
⑦网前球童比赛期间工作姿势。比赛期间可在主裁椅两侧，或对面边线外，双打支柱两侧。
⑧球童抛球姿势。要求降低身体重心，抛球时随球动作要充分。

图 9-3　球童工作姿势

【拓展窗口】

信任制比赛

信任制比赛中没有主裁判，选手必须遵守下面的基本原则：

1. 每个运动员对他/她自己的半场负责。

2. 所有的"出界"或"失误"的呼报都必须在球弹起后立即大声地喊出使对手听到。

3. 如对裁决有疑问,运动员必须把利益让给他/她的对手。

4. 如果运动员错误地把一个好球呼报为"出界",则该分重赛。若该分是个制胜分或较早出现的错误呼报,则误喊者将失去该分。

5. 发球者在每次的一发前要大声地呼报比分使对手听到。

6. 如果运动员对对手的行为或判定不满意可以告知裁判长(或其助手)。

7. 如果比赛在红土场地上进行,运动员还需遵守下列附加的程序:

(1) 检查球印需在一分结束的时候或比赛停下的时候(允许回击球,但应立即停止)。

(2) 如果运动员不能确信对手的呼报,可以要求他/她的对手指出球印的位置,并可过去察看球印。

(3) 如果球员擦去球印,则表示他/她承认该分有效。

(4) 如果对球印的位置有异议,可以召请裁判长或其助手来做最终裁决。

(5) 如果运动员呼报"出界",在正常情况下,他/她应该能指出球印的位置。

(6) 如果运动员错误地把一个好球叫成了"出界",那么他/她将失去该分。

任何不能公平遵守上述程序的运动员,将根据干扰规则和国际网联行为准则中有关"不良运动员体育道德行为"条款进行判罚。

对此程序有任何的异议可以询问裁判长。

思考题

1. 网球裁判临场操作程序有哪些?

2. 简述信任制裁判法的主要规则及其中所包含的文化底蕴?

第十章　网球竞赛组织与编排法

第一节　网球竞赛的组织

一、竞赛前期的工作

（一）成立组织机构

即成立组织委员会（竞赛委员会），根据竞赛的组织方案，确定其规模与形式，机构由竞赛组、裁判组、保卫组、宣传组、场地后勤组等构成。一般小型网球比赛的组织机构由：竞赛组、宣传组、场地后勤组组成。

（二）制定竞赛规程

竞赛规程是竞赛组织者和参加者的指导性文件，是竞赛工作进行及报名参赛的依据。赛前由主办单位根据竞赛的任务制定，提前发放给有关单位，或在网络上公告，做好参赛的准备。

竞赛规程主要包括：竞赛名称，竞赛日期和地点、参加单位及资格、竞赛办法、种子确定办法、赛制确定等，场地和比赛用球、录取名次和奖励办法，报名和报到日期及地点，裁判员选派及注意事项等。

在制定竞赛规程时，须仔细考虑规程的各项内容，根据现有场地数量、比赛时间等因素，确定比赛办法，既要考虑确保参赛者有一定场次的比赛，又要满足比赛日期的要求。在安排比赛场次时，还要考虑节假日的情况，尽量把半决赛和决赛安排在周六或周日进行。

（三）撰写比赛通知

撰写比赛通知并发放比赛通知，在规定时间内完成报名工作。

（四）落实场地和设备器材

1. 场地

（1）确定或预定比赛场地，对球场线（尤其是沙地）、球网的检查、布置。

（2）场地必须符合《网球规则》标准的需要。（球场端线以外至少有 6.40 米以上的空地，边线以外至少有 3.66 米的空地）。

（3）在走廊、通道、工作室、休息室等处设明显的指示标牌。

（4）提供几间房间用作裁判员、运动员的工作室和休息室。

（5）确保场馆的清洁，并配有禁止吸烟的标牌。

2．设备器材准备

比赛需配备如下器材：裁判椅和遮阳伞、记分牌、球、量网尺、推水器、话筒、单打支柱、记分表、秒表、笔等等。设备器材的规格，可根据比赛的实际情况加以调整，但裁判椅是不可缺少的。

（五）落实抽签与编排工作

协同裁判长组织抽签和编排工作。编排必须使各队在比赛场地的安排、白天晚上比赛的次数、两次比赛之间的休息时间等尽量机会均等，根据规程中的比赛方法，待抽签完成后，安排出比赛具体场次表等。

（六）确定好裁判员、工作人员的人数和要求

（1）裁判长 1 名，全面负责裁判工作，执行比赛规程及有关规定。确保比赛设施的完善，组织管理裁判员赛前学习和比赛执法等各项工作。

（2）裁判若干名，应秉公执法，严格执法，为双方创造一个公平的竞争环境，严格执行规程，规则和行为准则，不得偏袒一方。

（七）作好广告和宣传工作

在运动已作为一种产业的时代里，通过运动比赛，如何提高运动的经济功能和社会功能，是运动竞赛的重要组成部分。作好网球竞赛这项较高档次的运动比赛广告和宣传工作，意义十分重大。

二、竞赛中的工作

（1）维持场地设备、器材的完好。

（2）确保工作人员、裁判人员的及时到场。

（3）控制比赛过程，处理比赛中出现的一切问题等。

（4）维护赛场秩序。

（5）准备奖杯或奖状。

（6）为运动员提供一切可能的服务。

三、竞赛后期的工作

（1）准备颁奖式。

（2）制作成绩册。

（3）撰写新闻稿。

第二节　网球竞赛方法与编排法

由于竞赛的任务不同，竞赛规模有大有小，根据比赛的人数、场地的数量、

比赛的时间等,一般网球比赛选择的比赛形式有:单循环、分组循环,单淘汰赛、对抗赛,主客场制等。

一、网球竞赛循环制方法与编排

(一) 单循环赛

单循环赛是指各参赛队(人)在整个竞赛中彼此相遇一次,一般是在参赛队(人)数不多,比赛场地和时间较为充足的情况下采用。优点是参赛选手能得到最充分的锻炼。在安排比赛时,应按照如下的思路和方法进行操作。

1. 比赛的轮数和场数的计算

(1)比赛轮数:在循环赛中,各队都参加完一场比赛即为一轮。队(人)数为双数时,轮数=队数-1,如有 6 个队,即有 5 轮比赛;队(人)数为单数时,轮数=队数,有 5 个队,即有 5 轮比赛。

(2)比赛场数:单循环比赛的场数可用下面的公式进行计算:

$$场数 = \frac{队数 \times (队数 - 1)}{2}$$

如:6 个或 7 个队(人)参加比赛,则比赛场数分别为:

$$\frac{6 \times (6-1)}{2} = 15 \text{ 场 和 } \frac{7 \times (7-1)}{2} = 21 \text{ 场}$$

计算出轮数和比赛场数后,能使组织者在筹备比赛时,可根据场地数量,估计出比赛赛程情况和裁判员的人数等。

2. 比赛编排方法

(1)排出各轮次的比赛表

用固定左上角逆时针循环编排法:

将参加比赛单位(人)用数字来代替,如果参加比赛队(人)数是双数时,把参加队(人)数平均分一半,左一半号数由 1 号开始由上而下,右一半号数依次自下而上。然后用短横线把左右两列号数相对而连,即形成第一轮比赛。

以后各轮次的循环办法是:固定左上角(即 1 号数固定),其余号数按逆时针方向移动一个位置,移完后再把左右两列相对号数连接起来,即形成第二轮,以此类推,排出其余各轮次比赛表。

6 个队(人)参加比赛,其循环方法见表 10-1。

表 10-1　六人赛循环方法

第一轮	第二轮	第三轮	第四轮	第五轮
1-6	1-5	1-4	1-3	1-2
2-5	6-4	5-3	4-2	3-6
3-4	2-3	6-2	5-6	4-5

若参赛队(人)数是单数时,可以用"0"代替一个队(人),使之成为双数,然

后按上述循环办法排表，与"0"排在一起的队（人）即是轮空。

有 5 个队（人）参加比赛，其循环方法见表 10-2。

表 10-2　五人赛循环方法

第一轮	第二轮	第三轮	第四轮	第五轮
1 - 0	1 - 5	1 - 4	1 - 3	1 - 2
2 - 5	0 - 4	5 - 3	4 - 2	3 - 0
3 - 4	2 - 3	0 - 2	5 - 0	4 - 5

（2）抽签

各队（人）按抽签的号数把队名填入轮次表，然后排出比赛日程表。

如进行团体赛，可由两场单打。一场双打组成，采用三场两胜制；或可由四场单打，一场双打组成，采用五场三胜制。每场可采用三盘两胜或五盘三胜制。

（3）轮次和抽签操作

如果比赛中涉及较多的组别和项目，则竞赛编排人员应按照（1）、（2）条的方法，将所有的比赛组别完成抽签并进行排列。接着根据比赛的场地和时间安排，将分组中人数较多的组安排在第一场比赛，将每天的比赛排列在比赛次序表中。

3．名次决定

单循环制按获胜场数多少决定名次，如绩分相等则按净胜盘数；若仍相等，则按净胜局数；再相等，则按净胜球分数决定名次。

（二）分组循环

参加比赛的队较多而竞赛时间较短时，为了比较合理地确定各队名次，可采用分组循环的比赛方法。

第一段把参赛的队平均分成若干个小组，进行小组单循环赛。

第二阶段根据需要和实际情况，把各组的优胜队（人），或同名次队（人）再进行一次单循环比赛，排出名次。

二、网球竞赛淘汰制方法与编排

单淘汰赛制：就是在比赛中失败一次即退出比赛，获胜者继续比赛直到最后决出冠亚军为止。一般在参赛运动员多、场地少、时间紧的情况下采用。

（一）单淘汰比赛轮数及场数

（1）比赛轮数：如果参加的队（人）数是 2 的乘方数时，则比赛轮数是以 2 为底的幂的指数（如表 10-3）。

表 10-3　单淘汰赛比赛轮数及场数

参加队（人）数	4 人	8 人	16 人	32 人	64 人	128 人
（比赛轮数以 2 为底的幂的指数）	2	3	4	5	6	7

如果参加的队（人）数不是 2 的乘方数,则第一轮就有"轮空",队数应是介于两个 2 的乘方数之间,而轮数是较大的一个以 2 为底的幂的指数(例如,14 个队(人)参加比赛,应按 16 个签表的轮数来计算为(即 4 轮,其中有两个是轮空位)产生"轮空",其目的使运动员在第二轮中形成一个"满档",这样才能使比赛顺利进行,直到最后两名运动员参加决赛。

(2)比赛场数:单淘汰比赛总场数等于参加队数减一。如 8 个队(人)参加比赛,一共有 7 场比赛。

(3)"轮空"位置分配:应先从两端开始,然后移向中间。第一个轮空先从下端开始,第二个轮空从上端开始,依此类推,交替进行下去,如果有 13 队(人)参加比赛,应先 16 个号签表置数,有 3 个队(人)"轮空",可以 2、10、15 签号为轮空位置号码。

(二)种子选手的确定与编排

(1)一般种子选手应依据前一年同一比赛的名次。每 4—8 人有一个种子,但种子最多不能超过 16 人,其他人由抽签决定其位置。双打时如非原配对,则不得作为双打种子。

(2)种子和轮空的位置。通常 1 号种子安置在最上端,2 号种子安置在最下端,其他种子的位置按照平均分配各半区的规律凭抽签来决定分配在上下半区。3、4 号种子一起,5、6、7 和 8 号种子一起随机抽签放置在下半区或下半区特定的位置(如图 10-1)。

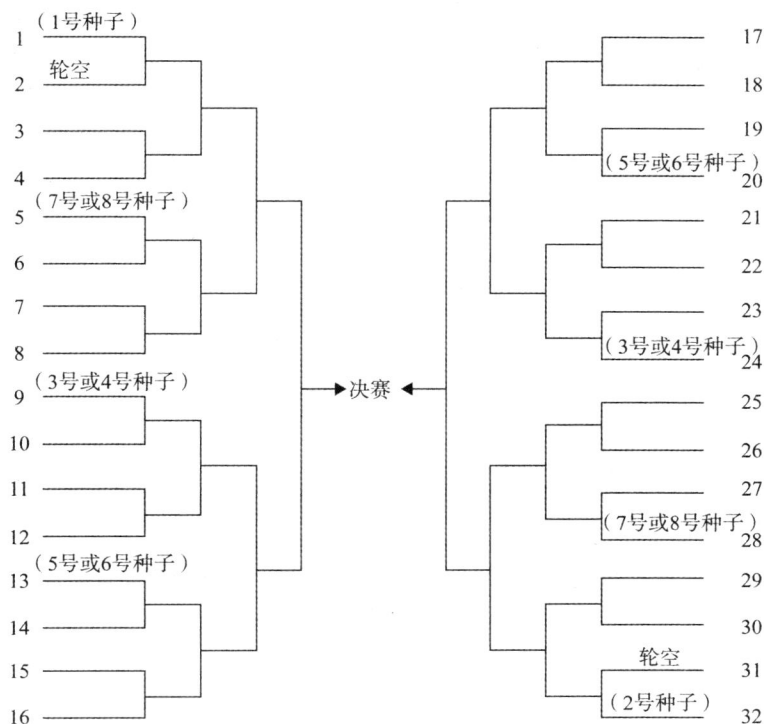

图 10-1　种子选手的确定与编排方法

三、网球竞赛混合制方法与编排

混合制是一次竞赛中同时采用循环制和淘汰制的赛制。采用混合制时可将竞赛分为两个阶段进行,第一阶段采用分组单循环,第二阶段采用淘汰制进行决赛。采用先分组循环,后淘汰制比赛时,最好分成 2 组、4 组、8 组、16 组进行,便于淘汰制比赛的编排。

思考题

1. 请撰写一份校网球比赛的竞赛规程。
2. 组织一次小型网球比赛的步骤是什么?

参考文献

［1］〔日〕神谷胜者编著,李盛译. 实用网球技巧提升 200［M］. 沈阳：辽宁科学技术出版社,2013.

［2］虞力宏编著. 现代网球技战术训练研究［M］. 北京：中国原子能出版社,2012.

［3］王彦英主编. 网球［M］. 北京：北京体育大学出版社,2012.

［4］网球杂志. 网球入门宝典［M］. 长沙：湖南文艺出版社,2011.

［5］陈建强主编. 网球学与练［M］. 上海：复旦大学出版社,2010.

［6］吴守煊,吴文胜编著. 网球双打球技宝典［M］. 北京：北京体育大学出版社,2010.

［7］纽力书. 教你网球［M］. 长沙：湖南科学技术出版社,2010.

［8］付饶,申秋燕. 跟冠军学网球［M］. 北京：北京体育大学出版社,2010.

［9］张喆,马明纯主编. 网球入门［M］. 长春：吉林科学技术出版社,2009.

［10］郭立亚,蔡祥主编. 中高级网球技战术训练［M］. 重庆：西南师范大学出版社,2009.

［11］虞力宏主编. 网球［M］. 北京：高等教育出版社,2004.

［12］虞力宏主编. 网球［M］. 杭州：浙江大学出版社,2002.